왜 부자만
더 부유해질까

More Than Money: How Economic Inequality Affects Everything
Originally published in North America by Annick Press Ltd.
388 Carlaw Avenue, Suite 200, Toronto, Ontario, M4M 2T4, CANADA
© 2022, by Hadley Dyer (text) and Mitchell Bernard (text); Paul Gill (illustrations)
Korean translation © 2022, by Book21 Publishing
All rights reserved.

This edition is published by arrangement with Annick Press Ltd.
through KidsMind Agency, Korea.

이 책의 한국어판 저작권은 키즈마인드 에이전시를 통해
Annick Press와 독점 계약한 ㈜북이십일에 있습니다.
신 저작권법에 의해 한국 내에서 보호를 받는 저작물이므로 무단전재와 복제를 금합니다.

왜 부자만 더 부유해질까

해들리 다이어, 미첼 버나드 글
폴 길 그림　한진수 옮김

아울북

차례

옮긴이의 말   7

들어가기   10

1부   기초 다지기

1장   부유한 사람, 가난한 사람 그리고 그 사이   16

2장   격차   36

3장   위로 올라가기   54

2부   가진 사람과 가지지 못한 사람

4장   커지는 문제   70

5장   돈보다 중요한 것   96

6장   그렇게 태어나다   112

3부   행동에 옮기기

7장 정부의 역할   136

8장 격차 좁히기   154

9장 미래를 향해   174

마무리하기   190

용어 설명   191

찾아보기   193

일러두기

본문에 나오는 환율은 다음과 같이 적용했습니다.

· 1미국 달러: 1,300원 　　· 1영국 파운드: 1,640원

· 1호주 달러: 858원 　　　· 1캐나다 달러: 990원

· 1유로: 1,420원

- 전 세계 성인이 1년에 버는 평균 소득 약 3,040만 원
- 상위 10%의 부자가 1년에 버는 소득 1억 5,800만 원
- 소득 하위 50%에 해당하는 사람들이 1년에 버는 소득 510만 원에 불과
- 전 세계 성인 한 사람이 소유한 재산은 평균 1억 3,300만 원
- 하위 50%에 해당하는 사람들은 전 세계 재산 가운데 겨우 2%만 소유
- 상위 10% 부자가 전 세계 재산의 76% 차지

프랑스 파리에 소재한 세계불평등연구소World Inequality Lab가 2022년에 발간한 「세계 불평등 보고서」에 있는 내용입니다. 모든 사람이 매년 같은 소득을 벌고 같은 크기의 집에서 평등한 생활을 하면 얼마나 좋을까 생각하는 사람도 있겠지만, 그런 세상은 어디에도 존재하지 않으며 또 바람직하지도 않습니다. 사람의 생김새, 취향, 능력이 서로 다르듯, 어느 정도의 경제적 불평등은 불가피하며 필요하기도 합니다.

문제는 위 보고서 내용처럼 소득이나 재산으로 살펴본 경제적 불평등이 우리의 상상을 초월할 정도로 심하다는 데 있습니다. 그렇지 않아도 골칫거리였던 경제적 불평등은 코로나19 팬데믹으로 인해 더 나빠졌습니다. 소득이나 재산이 상위권에 해당하는 사람들은 팬데믹 시기를 커다란 어려움 없이 헤쳐 나갔지만, 하위권에 해당하는 사람들이 받은 경제적 타격은 매우 컸습니다. 일부는 빈곤의 나락으로 떨어지고 말았습니다.

　우리나라도 다르지 않습니다. 코로나 사태를 겪으며 가구 간 소득 격차가 벌어졌습니다. 부동산 가격이 급등하면서 이른바 '있는 사람'과 '없는 사람' 사이의 재산 격차도 커졌습니다.

　소득이나 재산이 상위권에 해당하는 부자에게도 이는 그리 달가운 현상이 아닙니다. 경제적 불평등이 심해지면 우리가 사는 사회가 지속 가능하지 못할 우려가 있기 때문입니다. 구성원 간 위화감을 넘어 적대감으로 인해 사회 불안이 생길 수도 있습니다. 경제학의 아버지 애덤 스미스Adam Smith도 이렇게 말했습니다.

　"구성원의 다수가 가난하고 비참한 사회는 결코 번영하고 행복할 수 없다."

　경제적 불평등, 빈부 격차, 소득 불평등, 양극화 등 뭐라고 불러도 좋습니다. 여러분이, 아니 우리 모두 이런 문제에 관심을 가져야 하는 이유는 여러분의 삶과 떼려야 뗄 수 없는 문제이기 때문입니다.

물론 다소 무거운 주제일 수 있습니다. 발생 원인도 다양하고 고민해야 할 내용도 한두 개가 아닙니다.

그렇다고 해서 지레 겁먹을 필요는 없습니다. 이 책이 있으니까요. 이 책은 경제적 불평등이란 무엇이고 어떻게 재는지부터 시작해서 불평등이 우리 삶의 구석구석에 어떤 영향을 미치는지를, 전 세계를 넘나드는 흥미로운 사례들을 구체적으로 제시하며 똑 부러지게 해설하고 있습니다. 경제를 전혀 알지 못하는 청소년들도 충분히 이해할 수 있도록 말입니다.

여러분이 첫걸음을 떼는 일만 남았습니다. 함께 가 볼까요?

한진수 (경인교육대학교 사회교육과 교수)

'불평등'이라는 단어를 들으면
어떤 생각이 드나요?

여러분이 수학 천재라면 불평등에 대해 ≠ 같은 부호를 떠올릴지 모르겠습니다. 아니면 인종 차별이나 성차별 같은 사회적 불평등을 떠올릴 수도 있죠. 아마 여러분에게 '불평등'이란 '불공평'의 다른 말에 불과할 거예요.

맞습니다. 불평등은 나타나는 상황에 따라, 그리고 앞에 어떤 단어가 오는지에 따라 여러 가지 뜻을 지니게 됩니다.

우리는 경제적 불평등에 관해 이야기할 거예요. 왜 부자들은 점점 더 부유해지고, 가난한 사람들은 그 어느 때보다 더 힘겹게 버둥거리며 사는 것처럼 보이는지 말하려고 해요.

여러분이 경제학이라는 말만 들어도 겁을 먹는다는 사실을 잘 알고 있습니다. 경제학은 헷갈리는 용어들로 가득 차 있죠. 도표와 그래프, 통계학, **수학**. 으악! 경제학이 나와 무슨 관련이 있는지도 잘 모를 거예요. 그러나 경제학을 꼭 두려워하거나 혼란스럽게 생각할 필요는 없습니다. 자세하게 설명해 줄 사람만 있다면요. 그것이 우리가 이 책에서 하려는 일입니다.

우리는 왜 경제적 불평등이 단지 **경제**뿐만이 아니라 우리가 살아가고 있는 모든 사회와 관련 있는지를 알아볼 거예요.

경제적 불평등이 어떻게 건강, 교육, 거주지, 자기 자신에 대한 감정 등 삶의 모든 측면에 영향을 미칠 수 있는지도 설명할 것입니다.

이 책을 통해 여러분은 경제적 불평등이 왜 다양한 불평등을 낳는 원인인 동시에 결과인지를 알게 될 거예요.

불평등이 어떻게 부유한 사람, 가난한 사람 그리고 그 사이에 있는 모든 사람에게 영향을 미치는지 이해하기를 바라요. 더 나아가 불평등과 관련해서 여러분이 무엇을 할 수 있는지도 보여 줄게요.

책을 끝까지 읽고 나면, 기후 변화에 대응하는 운동, 마약과 흡연 규제 캠페인 등 청소년이 주도하는 운동에 쏟는 열정만큼이나 경제적 불평등에도 관심을 두어야 하는 이유를 알게 될 것입니다. 불평등은 여러분의 미래에 관한 것이니까요.

위스콘신 대학교 매디슨 캠퍼스의 연구원들이 부유한 지역과 가난한 지역의 중고등학생 600명을 대상으로 설문 조사를 했습니다. 조사에 응답한 학생들은 사람들이 가난한 이유보다 부자인 이유(교육, 근면, 상속 등)에 관해 더 구체적인 설명을 내놓았죠.

이 책에서 다룰 내용

이 책은 복합적인 주제에 관한 입문서 또는 개요입니다. 그 주제들은 많은 관심을 기울일 가치가 있는 문제들로 얽혀 있지요. 여러분은 이 책에서 더 많은 정보를 찾아 나서도록 호기심을 자극하는, 흥미롭고도 깜짝 놀랄 만한 사실과 통계를 발견하게 될 거예요. 우리는 이 책 전반에 걸쳐 여러분이 생각하고 토론해 볼 질문들을 던지고 자료도 제시할 것입니다.

책을 시작하면서, 불평등과 관련해 많이 나오는 기본 개념과 용어를 먼저 소개할 겁니다. 제시되는 모든 사례가 지금 당장 적용되지는 않을지라도(여러분은 주식과 채권에 관한 경험이 풍부하지 않으니까요), 중요한 개념을 이해하는 데는 도움이 될 거예요.

우리는 **한 국가 안에서의** 경제적 불평등에 초점을 맞출 것입니다. 왜 어떤 시민들은 더 부유하고 어떤 시민들은 더 가난한지 말이에요. 경제적 불평등에는 국가 사이의 불평등이라는, 또 다른 유형도 있어요. 왜 어떤 국가는 더 부유하고 어떤 국가는 더 가난한가 말이에요. 국가 사이의 불평등 문제 역시 매우 중요합니다. 전 세계 사람들의 생활 수준이 왜 그토록 다른지 설명하는 데 도움이 되니까요. 그러나 국가 사이의 불평등을 낳는 원인은 복잡하며 역사적인 뿌리가 깊습니다. 그래서 그 내용은 다른 책에서 따로 다루기로 했어요.

불평등 사례를 들 때, 우리는 **경제 협력 개발 기구(OECD)** 회원국

들만 고려했습니다. 파리에 본부를 둔 OECD는 38개 국가의 정부가 제공하는 경제 데이터를 수집하고 분석하고 있어요. 회원국 대부분은 경제가 강하고 안정적이지요. 세계에서 가장 부유한 국가들이고요. OECD 회원국으로는 26개의 유럽 국가와 북미(미국, 캐나다, 멕시코), 칠레, 콜롬비아, 코스타리카, 영국, 이스라엘, 일본, 대한민국, 호주, 뉴질랜드가 있어요.

OECD 국가만 살펴보는 데에는 몇 가지 이유가 있어요. 첫째, 이 국가들에서라면 모든 젊은이가 밝은 미래를 맞이해야 하건만, 실제로는 모두에게 똑같은 기회가 주어지지 않아요. 둘째, 이 책의 독자 대다수가 OECD 국가에 살고 있을 거예요. 그러니 여러분이 이 사례들과 관련이 있다는 뜻입니다. 마지막으로, 저개발 국가(더 가난하고 경제가 덜 안정적인 국가들) 안에서의 불평등은 그 원인과 해결책이 다소 다르고 복잡합니다. 사과는 사과와 비교해야 이해하기 쉽겠지요?

OECD 국가의 소득 불평등

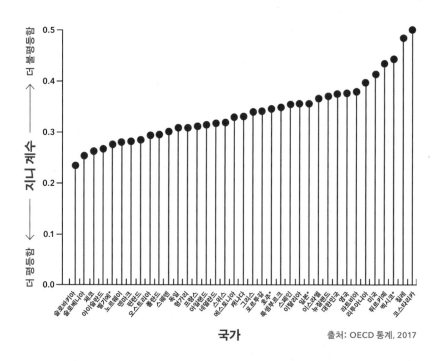

출처: OECD 통계, 2017

이 그래프는 지니 계수(44~45쪽)에 근거해서 OECD 국가의 경제적 불평등 수준을 나타내고 있어요. 그래프에서 왼편에 있는 국가들은 더 평등하고, 오른편에 있는 국가들은 덜 평등합니다. 이 책의 첫 세 장에서 불평등의 기본 개념을 배운 다음에, 각 국가의 순위가 궁금해지면 이 그래프로 돌아오면 됩니다.

* 2017년 수치가 아직 없는 경우에는 그에 가장 가까운 연도의 수치를 사용함.
* 콜롬비아 수치는 현재 OECD에서 구할 수 없음.

1 부

기초 다지기

1장

부유한 사람,
가난한 사람
그리고 그 사이

불평등이란 무엇일까?

이 책에는 다양한 불평등 문제에 대응하는 가상의 인물들과 실제 사례가 등장해요. 이야기를 시작하기 전에, 여러분이 가족과 친구 그리고 전 세계의 수많은 사람과 함께 경험했던 코로나19 대유행의 절정 시기를 되돌아보겠습니다.

2019년이 끝날 무렵, 코로나바이러스 감염증-19 또는 코로나19라고 부르는 전염성이 강하고 치명적인 바이러스가 중국 우한에서 발견되었습니다. 이 바이러스는 사람에서 사람으로 전염되면서 빠르게 전 세계로 퍼져 나갔지요. 질병의 확산을 늦추기 위해 학교와 직장은 문을 닫아야 했습니다.

코로나19 대유행이 사람들에게 미치는 영향은 처음부터 똑같지 않았어요. 어떤 사람들은 바이러스로 인해 중병에 걸리거나 사망할 위험이 평균보다 높았는데, 6장에서 이 문제를 더 자세하게 살펴볼 거예요.

코로나19는 비단 건강에만 영향을 미친 것이 아니었습니다.

예를 들어 볼까요? 많은 나라에서 학교 수업을 화상 미팅, 인터넷 웹사이트, 이메일을 사용해 진행했지요. 하지만 모든 학생이 컴퓨터나 태블릿 PC를 살 여유가 있거나, 와이파이에 접근할 수 있거나, 공부를 도와줄 부모님이 집에 계셨던 것은 아니었어요. 식구가 여럿인 학생들은 공부할 수 있는 조용한 장소를 찾는 데 애를 먹었습니다. 아침밥이나 점심밥을 학교 급식으로 해결했던 어린이들은 배를 곯을 위기에 처했지요.

경제적 불평등을 딱딱하게 정의하면 '소득과 부의 불평등한 분배'라고 할 수 있어요. 어떤 사람들이 다른 사람들보다 돈과 금전적 가치가 있는 물건을 더 많이 가지고 있을 때 경제적으로 불평등하다

유네스코에서는 코로나19 대유행이 절정에 달했을 때, 초중고등학교와 대학교 폐쇄의 영향을 받은 학생의 수가 15억 명이 넘었다고 밝혔습니다.

고 말합니다. 코로나19 대유행은 불평등이 그 이상의 현상이라는 것을 보여 주었습니다. 코로나19는 각 가정에 다양한 영향을 주었지만, 불평등 자체를 만들어 내지는 않았어요. 이미 존재하는 불평등을 부각하고 더 심화했을 뿐이지요.

이 책의 첫 세 장에서는 '소득과 부의 불평등한 분배'와 관련된 기본 개념들을 살펴볼 것입니다. 1장에서는 앞으로 책을 읽으면서 계속 만나게 될 용어들과 그 정의에 초점을 맞출 거예요. 그 전에 먼저 '경제 사다리'라는 것을 소개할게요. 여러분이 이 사다리에서 어느 위치에 있는지 찾아 보세요.

경제 사다리

우리 대부분은 부자가 되고자 하지만
부유한 것이 무엇인지는 다 다르게 생각할 거예요.

좋은 집에 사는 것

멋진 비디오 게임을 많이 가지고 있는 것

가격표를 먼저 보지 않고 옷을 사는 것

어떤 대학이든 갈 여유가 있는 것

일찍 은퇴하는 것

'빈털터리', '여유 있는 사람', '부자'를 구분하는 공식적인 기준은 없어요. 보통 다른 사람들과 비교해서 자신의 위치를 판단하지요. 이는 마치 사다리에 올라 있는 것과 같아서, 어떤 사람은 사다리 위쪽에, 어떤 사람은 아래쪽에 있습니다.

경제학자들은 사람들이 얼마나 잘사는지 비교하기 위해서 재무 데이터를 사용합니다. 이를 보면, 내가 경제 사다리의 어디에 있는지 알 수 있어요. 새 자동차 냄새가 풍기는 꼭대기에 있나요? 아니면 바닥 가까이에서 발판을 찾으려고 발버둥 치고 있나요?

나의 위치는?

경제 사다리에서 어느 위치에 있는지 찾는
한 가지 방법은 소득을 확인하는 거예요.

가장 일반적인 형태의 소득은 월급이나 시급처럼 일한 대가로 받는 돈입니다. 소득이 많아질수록 사다리에서의 위치가 높아져요.

소득 격차가 어떻게 불평등으로 이어지는지 이해하려면 먼저 경제학 용어를 몇 가지 배워야 합니다.

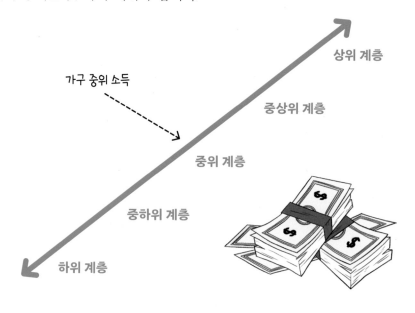

상위 계층

가구 중위 소득

중상위 계층

중위 계층

중하위 계층

하위 계층

- 경제학자들은 소득 사다리에서 각 계단을 소득 분배 수준이라고 부릅니다.
- 소득 분배 수준은 보통 가구 소득에 따라 나뉘는데, 가구 소득이란 한집에서 같이 사는 모든 식구가 버는 돈을 합한 금액을 뜻하죠.
- 가구 중위 소득은 전체 인구를 둘로 나누었을 때 그 한가운데의 소득 수준입니다. 가구의 절반은 가구 중위 소득보다 많이, 나머지 절반은 적게 법니다.
- 중위 소득에 가까운 가구를 중위 계층으로 간주합니다. 옆의 그림에서 보듯이 중위 계층은 다시 중하위, 중위, 중상위로 구분할 수 있습니다.

각 분배 계층에 해당하려면 한 가구당 정확히 얼마를 벌어야 할까요? 이는 가족이 사는 지역, 집계하는 소득의 종류, 가구 구성원 수 등 다양한 요인에 따라 달라집니다.

소득이 어떻게 분배되고 있는지 보여 주는 도표나 그래프에서는 일반적으로 계층을 최소 3개에서 최대 100개로 구분해요. 왼쪽 페이지의 그림에서 우리는 5개 계층을 사용하고 있습니다.

사다리의 맨 끝에는?

부자가 있으면
그 위에 더 큰 부자가 있지요.

상위 소득자를 상위 1%라고 부르는 것을 들어 봤을 거예요. 그들이 나머지 인구 99%보다 더 많은 돈을 번다는 데서 나온 말입니다. 그런데 놀라운 것은 그 상위 1% 안에서도 다시 상위 1%가, 상위 1% 중의 99%가 버는 돈보다 더 많이 법니다!

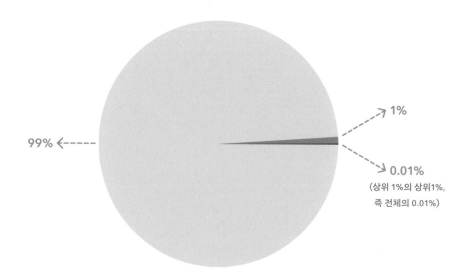

99% ←-----
1%
0.01%
(상위 1%의 상위1%,
즉 전체의 0.01%)

빈곤선 아래

부자의 의미는 사람마다 다르게 생각할 수 있지만, 가난과 관련해서는 명확한 정의가 있어요. 빈곤선은 가구의 모든 구성원이 생계를 유지하는 데 기본적으로 필요한 것들(의식주 등)을 얻는 데 들어가는 최소한의 소득 금액입니다. 각 국가는 자국의 생계비를 반영한 빈곤선을 정해 놓고 있으며, 소득이 이 빈곤선에 못 미치는 가구는 정부로부터 재정 지원을 받을 수 있어요.

세계에서 가장 가난한 국가들의 빈곤선을 기준으로 정한 극빈곤선도 있습니다. 하루에 미국 돈 1.90달러약 2,470원미만으로 사는 사람은 극빈곤 상태라고 할 수 있어요. 이들은 깨끗한 물, 영양, 보건, 교육, 전기, 위생 시설을 누리지 못할 지도 모른답니다.

코로나19 비용

코로나19 대유행은 건강 위기이자 경제 위기였어요. 세계은행은 코로나19 대유행으로 약 1억 명이 새롭게 빈곤선으로 내몰렸다고 추정했습니다. 가장 취약한 사람들은 개발 도상국에 있었지만, 부유한 국가의 사람들 역시 고통을 겪었어요.

여러분의 부모님이 월급을 많이 주는 회사에서 일하고 있었다면, 코로나19의 확산을 막기 위해 회사가 문을 닫는 동안 재택근무를 할 수 있었을 거예요. 하지만 가게 점원이나 식당 종업원처럼 월급이 적은 노동자들은 직장이 잠깐 또는 아예 문을 닫았을 때 일자리를 잃었을 가능성이 훨씬 더 커요. 실제로 냉장고를 채울 음식을 푸드 뱅크(가난한 사람들이 무료로 음식을 얻는 곳-옮긴이 주)에 의존하기 시작한 가정이 많았지요.

OECD 국가들이 코로나19 기간에 소득을 잃은 가구들을 도운 방식은 저마다 달랐습니다. 예를 들면, 몇몇 유럽 정부는 일자리는 유지했지만 일은 할 수 없었던 근로자들의 월급 대부분을 대신 지급해 주었어요.

어떤 회사들은 감염 위험에도 불구하고 코로나19 대유행 기간에 어쩔 수 없이 일해야 했던 근로자들의 월급을 한시적으로 올려 주었어요.

코로나19 대유행 기간에 실업자가 될 가능성이 가장 큰 집단은 젊은 근로자들이었습니다. 영국에서는 대유행 초기 단계에 일자리를 잃은 근로자의 3분의 2 가까이가 25세 미만이었어요. 캐나다 정부는 대유행 시기인 2020년에 캐나다 여름 일자리 프로그램에 대한 자금 지원을 늘려서 15~30세 젊은이들을 위한 일자리 7만 개를 만들었어요. 그리고 학자금 대출 **상환**을 6개월 동안 미뤄 주고, 2년 동안은 학자금 대출에 대한 **이자**도 받지 않았어요.

큰돈 벌기

부자는 소득이 많은 사람이에요.
아주 간단한 것 같은데, 정말 그럴까요?

할머니에게 물려받은 유산 덕분에 평생 단 하루도 일한 적이 없는 상속자는 어떤가요? 아니면 월급을 많이 받지만 엄청난 학자금 대출을 갚느라 저축할 돈이 남지 않는 전문직 종사자는요? 소득만으로는 가구의 재정 상황을 완벽하게 파악할 수 없습니다. 재산도 함께 살펴봐야 하지요.

재산 모으기

재산 또는 부는 소득 가운데 매일매일 소비하지 않고 남긴 것, 즉 각자의 보물 상자입니다. 저축해서 모은 돈이거나 상속으로 물려받은 돈일 수 있으며, 여러 가지 다양한 자산일 수도 있지요. 현금이 필요할 때 팔 수 있는 집, 자동차, 주식, 기타 투자 상품들이 모두 자산에 해당해요.

> **물려주기**
>
> 재산은 시간이 지나면서 축적되며 다음 세대에게 물려줄 수 있어요. 특히 상위 1%와 상위 0.01%의 사람들의 재산은 오랫동안 남아 있을 거예요. 이탈리아 은행의 연구에 따르면, 피렌체 지역에서 가장 부유한 가족 가운데 상당수가 거의 600년 동안 계속 부유했다고 합니다.

부는 대체로 순자산으로 측정됩니다. 순자산이란 가지고 있는 자산을 모두 팔아서 모든 빚을 갚는다고 했을 때 남는 돈을 말합니다.

보물 상자의 크기

소득처럼 재산에 대해서도 한 국가의 국민을 여러 계층으로 구분해 살펴볼 수 있습니다. 가구의 순자산이 많을수록 부의 수준이 높아집니다.

> 소득 분배 수준은 **소득 계층**, 부의 분배 수준은 **부의 계층**이라고도 합니다.

써야 할 곳에 쓰고도 돈이 많

이 남는 사람들은 보통 남는 돈을 투자 상품에 넣습니다. 투자 상품이란 시간이 지나면서 가치가 더 커져 투자자의 부를 늘려 줄 수 있는 자산으로 주식, 채권, 부동산(반드시 자신이 사는 곳일 필요는 없음) 등이 있어요. 만약 하나의 투자 상품에서 실패한다면 다른 투자 상품에서 만회할 수도 있습니다.

대다수 중위 계층 가구에 있어 가장 큰 자산은, 소유하고 있는 집입니다. 집값이 오르거나 내리면 주택 자산의 가치도 커지거나 작아지고, 소유주의 순자산 역시 늘어나거나 줄어들지요.

재산 없이 월급만으로 살아가는 사람들은 경기가 좋지 않을 때 큰 타격을 받아요. 소득 수준과 관계없이 모든 가구가 그럴 수 있습니다. 앞에서 이야기한, 학생 때 빌렸던 학자금을 갚느라 남는 돈이 없는 젊은 고소득 전문직 종사자도 그렇겠지만, 아무래도 소득이 매우 적은 가구들이 여기에 해당할 가능성이 제일 크지요. 이들은 버는 돈을 기본적인 생필품을 사는 데 다 써서 재산이 거의 또는 전혀 없으니까요.

투자자에게 투자하기

사람들은 경제가 좋지 않을 때 자산을 처분하는 경향이 있습니다. 코로나19 대유행이 초기 단계일 때, 중앙은행(한 국가의 화폐 공급과 **통화 정책**을 관리하는 곳)들은 이런 일이 많이 발생하지 않게 하려고 소매를 걷어붙였어요. 예를 들어 어떤 국가에서는 중앙은행이 회사채를 사들였지요. 회사채란 회사가 돈을 빌리기 위해 발행한 증서예요. 이런 조치는 대기업들이 계속 영업 활동을 하는 데 도움을 주었으며, **투자자**들이 자신의 채권이나 기타 자산들을 처분하지 않아도 되도록 해 주었습니다. 운이 좋은 사람들은 심지어 순자산이 불어나는 것을 경험했어요! 그러나 이러한 조치는 투자가 아닌 소득에 의존해 생활하는 사람들이 파산하지 않고 버티는 데는 별로 도움이 되지 않았답니다.

중간에 있는 사람들

여러분은 어떤가요? 부자? 가난한 사람?
아니면 중간에 속하는 것 같나요?

미국인 대다수는 자기 자신이 중간 수준 또는 중위 계층이라고 믿어요. 설문 조사에 따르면 미국인 가운데 3분의 2 이상이 자신은 경제 사다리의 중간에 있다고 생각하지요. 하지만 실제로는 전체 인구의 약 절반만이 중위 계층입니다. 사람들의 생각과 현실에 있는 이런 차이는 다른 나라에서도 비슷하게 나타납니다.

중위 계층의 삶이 나라마다 달라서 이런 혼란이 생기기도 해요. 앞서 말했듯, 국가 사이의 불평등 때문에 어느 국가에서 사는지에 따라서 사람들의 생활 수준이 달라질 수 있어요. 한 국가에서는 낮은 수준의 소득이나 부가, 다른 국가에서는 중간 수준일 수 있습니다.

다음의 집들은 각 국가의 도시에 사는 중위 계층 가정이 구매할 수 있는 전형적인 주택의 모습입니다.

뭄바이의 빌라

부에노스아이레스의 빌라

상하이의 아파트

시드니의 단독 주택

코로나19 대유행으로 겪은 경제적 곤란으로 중위 계층 가정이 경제 사다리에서 순식간에 미끄러져 내려가기도 했어요. 소득이 줄었을 때 의존할 수 있는 저축이라는 커다란 보물 상자가 없었기 때문에, 많은 사람이 집을 살 때 빌린 대출금을 갚느라 힘들어했고, 가장 큰 자산인 집을 잃을 위험에 처했습니다.

핵심 노트 💬

한 국가나 지역의 불평등을 이해하기 위한
첫 번째 단계는 그곳에 사는 사람들의
경제 수준을 비교하는 것입니다.

그 밖에 우리가 배운 것

⊘ 한 가구의 경제 수준은 소득과 재산을 함께 살펴봐야
알 수 있다.

⊘ 안전망이 되는 재산이 적다는 (또는 없다는) 것은 소득이
감소할 때 고통을 더 많이 겪게 된다는 것을 뜻한다.

⊘ 중위 계층의 생활 수준은 국가마다 다르다.

이루어지고 있는 활동들

이탈리아는 코로나19 초창기에 극심한 피해를 보았지만, 코로나19 피해자들을 돕는 청소년 주도 캠페인의 발상지가 되기도 했습니다. 10대 청소년 노린 마흐무디Nourhene Mahmoudi와 여러 젊은 자원봉사자가 함께 '관용의 발생Outbreak of Generosity'이라는 캠페인을 시작했지요. 이들은 청소년용 도구 상자toolkit를 만들어 유럽 곳곳에 고립되어 있는 사람들, 또는 셧다운 기간 중이나 그 후에 도움이 필요한 사람들을 지원하는 각종 방법을 널리 전파했습니다. 16개 언어로 번역된 안내 자료와 캠페인은, 유럽 20개국에서 운영되고 있는 청소년을 위한 지역 사회 행동 단체인 '유럽 무슬림 청년 및 학생 조직 포럼FEMYSO'의 지원을 받았습니다.

더 깊게 생각해 보기

경제 사다리 이미지는 유용해요. 이를 통해 소득 및 재산 수준과 관련된 문제를 더 깊이 생각해 볼 수도 있습니다. 사다리 이미지에서 높은 계층에 있는 사람들이 더 중요한 사람들일까요? 사다리 중간에서 행복하고 편안한 삶을 살 수 있어도 꼭대기에 오르기 위해 열심히 노력해야 할까요? 여러분은 어떻게 생각하나요? 불평등을 설명할 때 사다리 대신 쓸 만한 이미지로는 뭐가 있을까요?

2장

격차

불평등을 어떻게 측정할까?

노르웨이 오슬로 출신의 소피와 영국 런던 출신의 미카엘라를 만나 볼까요? 두 사람 모두 축구, 케이 팝, 개, 수학을 좋아합니다. 두 사람 모두 귀찮게 구는 남동생이 있으며 그들 가족의 소득은 가구 중 하위 수준에 해당해요.

얼핏 보기에 두 나라에도 여러 가지 공통점이 있습니다. 노르웨이와 영국은 둘 다 북유럽 국가들입니다. 두 나라 모두 경제가 튼튼하고 안정적이에요. 시민 대부분은 가난한 나라의 사람들에 비해서 괜찮은 생활 수준을 누리고 있습니다. 그렇지만 노르웨이는 세계에서 다섯 번째로 평등한 국가인 데 비해, 영국의 평등 정도는 32위

경제적 불평등을 말할 때, 언론에서는 대체로 소득 격차에 초점을 두는 경우가 많지만, 일반적으로는 부의 격차가 더 큰 경향이 있어요. 실제로 OECD 국가 간 평균적인 부의 격차는 평균 소득의 격차보다 약 2배나 큽니다.

지요.

한 국가가 더 또는 덜 평등하다는 것은 무엇을 의미할까요?

1장에서 이야기했던 경제 사다리로 돌아가 봅시다. 사다리의 상위 계층에 속한 사람들과 하위 계층에 있는 사람들의 1년 소득이 얼마나 차이 날지 상상해 보세요. 두 계층의 소득 격차가 클수록, 그 국가는 덜 평등합니다. 재산으로도 이런 상상을 해 볼 수 있어요. 즉, 상위 계층과 하위 계층의 순자산을 비교해서 한 국가

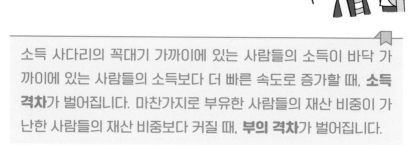

소득 사다리의 꼭대기 가까이에 있는 사람들의 소득이 바닥 가까이에 있는 사람들의 소득보다 더 빠른 속도로 증가할 때, **소득 격차**가 벌어집니다. 마찬가지로 부유한 사람들의 재산 비중이 가난한 사람들의 재산 비중보다 커질 때, **부의 격차**가 벌어집니다.

의 평등 정도를 판단할 수 있습니다.

　이런 격차는 모든 국가에서 나타나는 현상이지만, 나라마다 평등한 정도가 달라요. 우리는 이 장에서 평등 정도를 어떻게 정확히 측정하는지, 경제적 격차를 좁히는 것이 왜 좋은지, 격차를 줄이면 소피, 미카엘라를 비롯해 사람들의 삶에 어떤 변화가 생길지 살펴볼 것입니다.

(불)평등이 어느 정도일까?

**경제적 격차를 더 확실하게 파악하기 위해서
사다리를 실제 숫자로 바꿔 볼까요?**

오른쪽의 막대그래프는 영국의 가구 소득을 나타낸 것입니다. 22쪽에서 했던 것처럼, 소득을 여러 계층으로 나누었지요.

단, 이번에는 5개가 아니라 10개 계층으로 나눴습니다. 각 막대의 길이는 해당 계층에 속한 가구들의 평균 소득을 나타냅니다. 막대의 길이가 길수록 소득도 많은 것이지요.

최상위와 최하위 계층 사이의 소득 격차를 확인해 볼까요?

최상위 계층은 최하위 계층보다 거의 42배나 많은 소득을 벌고 있네요!

영국의 가구 소득

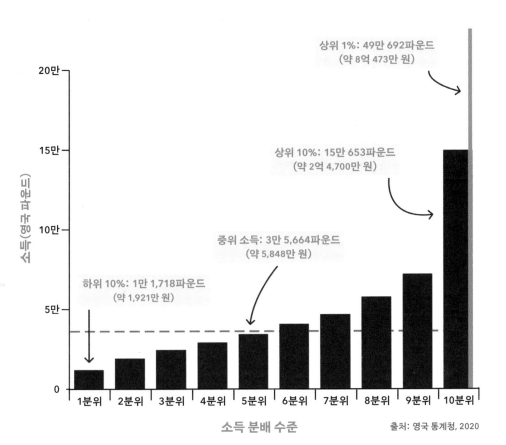

상위 1%: 49만 692파운드
(약 8억 473만 원)

상위 10%: 15만 653파운드
(약 2억 4,700만 원)

중위 소득: 3만 5,664파운드
(약 5,848만 원)

하위 10%: 1만 1,718파운드
(약 1,921만 원)

소득(영국 파운드)

20만

15만

10만

5만

0

1분위 2분위 3분위 4분위 5분위 6분위 7분위 8분위 9분위 10분위

소득 분배 수준

출처: 영국 통계청, 2020

이제, 영국의 부가 어떻게 분배되어 있는지 알아볼까요? 간단한 방법은 앞에서 본 가구 소득 그래프에서 세로축의 소득을 재산으로 바꾸는 것입니다(앞서 이야기한, 가구의 재산은 은행 예금, 자동차, 집, 주식 등 모든 자산을 합친 것이라는 점을 떠올려 보세요).

또 다른 방법도 있지요. 오른쪽 그래프를 살펴보세요. 맨 오른쪽에 '영국 부의 100%'라고 쓰여 있는 막대가 보이나요? 이는 영국의 전체 인구가 소유하고 있는 모든 부를 합한 총량을 나타냅니다. 영국의 모든 국민이 자신의 재산을 하나의 거대한 보물 상자에 넣어 두었다고 생각하는 거예요.

한 가구가 이 보물 상자에 얼마를 추가하느냐는 그 가구가 부유한 정도에 달려 있습니다. 그래프의 나머지 막대들은 각 계층에 해당하는 가구들이 영국의 전체 부 가운데 몇 퍼센트를 소유하고 있는지를 보여 줍니다. 즉, 이 백분율은 각 집단이 소유한 부의 비중이지요.

영국 부의 분배

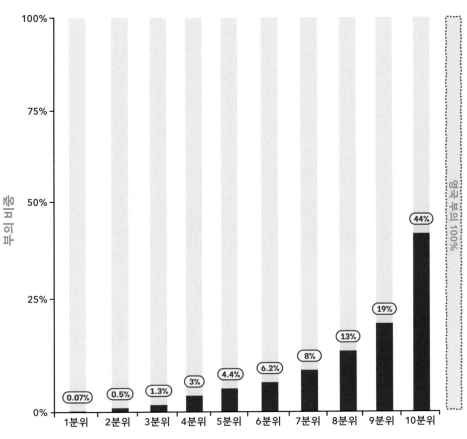

세로축: 부의 비중
가로축: 부의 분배 수준

- 1분위: 0.07%
- 2분위: 0.5%
- 3분위: 1.3%
- 4분위: 3%
- 5분위: 4.4%
- 6분위: 6.2%
- 7분위: 8%
- 8분위: 13%
- 9분위: 19%
- 10분위: 44%

영국 부의 100%

출처: 영국 통계청, 2020

가장 부유한 계층의 가구들이 소유한 부의 비율은 영국 전체 부 가운데 44%인 데 비해, 최하위 계층에 속하는 가구들은 단지 0.07%만 소유하고 있네요.

전 세계의 불평등

어느 나라가 더 평등한지를 알게 되면 놀랄지도 몰라요.
문화가 비슷하거나 국경을 맞대고 있는 국가들조차
소득이나 부의 격차 정도가 다르거든요.

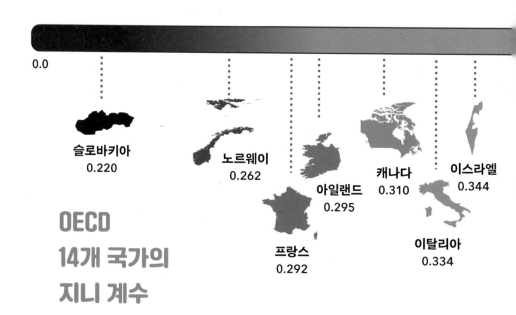

0.0

슬로바키아
0.220

노르웨이
0.262

아일랜드
0.295

캐나다
0.310

이스라엘
0.344

이탈리아
0.334

프랑스
0.292

OECD
14개 국가의
지니 계수

출처: OECD 통계, 2017

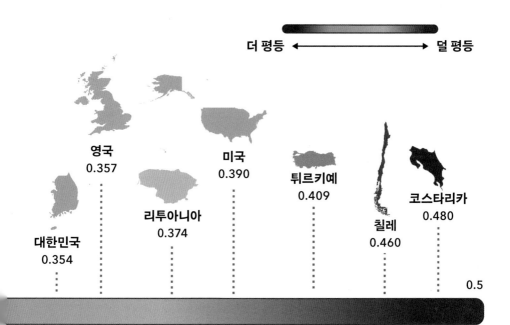

더 평등 ←――――――→ 덜 평등

영국
0.357

미국
0.390

튀르키예
0.409

코스타리카
0.480

리투아니아
0.374

칠레
0.460

대한민국
0.354

0.5

지니에게 물어봐

경제학자들은 전 세계의 불평등을 다양한 방식으로 비교하고 있어요. 사용법, 데이터의 유형과 출처에 따라 그 방식이 다르지요. 유엔과 세계은행을 비롯한 여러 국제기구는 **지니 계수** 또는 지니 지수를 사용합니다. 지니 계수는 소득이나 부의 평등 정도를 0과 1 사이의 숫자로 나타내요. 지니 계수가 0이면, 모든 사람이 똑같은 소득을 벌고 있거나 모든 사람의 재산 비중이 같으므로, 해당 국가가 완전히 평등하다는 의미예요. 지니 계수가 1이면, 단 한 가구가 모든 소득을 벌고 있거나 모든 재산을 독차지하고 있다는 뜻으로, 그 국가는 완전히 불평등한 나라가 되지요.

격차를 줄이는 이유

정부는 소득과 부의 격차를 줄이는 일에
힘써야 할까요? 아니면 그저 사람들을 빈곤에서
벗어나게 하는 데 초점을 맞춰야 할까요? 이를 두고
경제학자들과 정치인들 사이에 논쟁이 계속되고 있어요.

최하위 계층에 해당하는 사람 수가 적다면, 최상위 계층의 사람이
많다고 해도 별로 신경 쓰이지 않을 거예요. 우리 모두 부자가 될
수는 없습니다.

이 세상에 모든 사람이 부유한 국가는 없으며,
완벽하게 평등한 국가도 없는 건 사실이에요.
그렇지만 사회가 더 평등해지고, 튼튼하고
안정적인 중위 계층을 보유할 때 거의 모든
사람이 더 나은 삶을 살게 된다는 것 역시
사실입니다. 그 이유가 몇 가지 있는데,
더 자세한 내용은 다음 장에서
살펴보겠습니다.

더 건강한

OECD 국가의 경우 건강과 국가의 평균 소득 사이에 뚜렷한 연관성이 없습니다. 그러나 건강 문제와 소득 격차 사이에는 연관성이 있지요. 더 평등한 국가들이 보건, 오염 통제 등 국민 건강을 보호하는 일에 더 많이 투자하는 경향이 있어요. 그래서 국민이 더 오래, 더 건강하게 살지요. 또 더 평등한 국가에서는 심장 관련 입원자 수와 사망자 수가 적으며 유아 사망률도 낮습니다.

> 덜 평등한 영국의 비만율은 더 평등한 노르웨이의 비만율보다 두 배 이상 높습니다.

더 안전한

빈부 격차가 큰 국가일수록 범죄율이 높다는 연구 결과가 있습니다. 단순히 경제 범죄만을 말하는 것이 아니에요. 살인을 포함한 폭력 범죄도 해당되지요. 이러한 범죄와 불평등 사이에도 강한 상관관계가 있습니다.

> OECD에 따르면 칠레, 라트비아, 리투아니아, 멕시코, 튀르키예는 회원국 가운데 가장 평등하지 않은 10개국에 속하면서 **동시에** 가장 안전하지 않은 10개국에 속합니다. 오스트리아, 덴마크, 핀란드, 아이슬란드, 노르웨이, 슬로베니아는 회원국 가운데 가장 평등한 10개국과 가장 안전한 10개국에 모두 속해요.

더 번영하는

중위 계층 가정은 자신의 처분 가능 소득(가처분 소득이라고도 함-옮긴이)으로 가전제품부터 스포츠 센터 회원권, 외식까지 온갖 재화와 서비스를 구매합니다. 처분 가능 소득이란 소득에서 세금 등 기본적인 비용을 쓰고 남은 돈이에요. 가난한 가정은 처분 가능 소득이 적은 반면, 부유한 가정은 많아서 상당한 돈을 저축하거나 투자하는 경향이 있습니다. 중위 계층이 위축되면 구매력도 위축되어 경제에 타격을 줍니다. 이것은 모든 사람에게, 심지어 상위 1%의 최상위 계층에도 영향을 미치지요.

> 더 평등한 노르웨이의 빈곤율은 8%인 데 비해, 덜 평등한 영국의 빈곤율은 12%입니다.

더 민주적인

부유한 사람들은 정치 후원금 기부와 로비를 통해 정치인에게 압력을 가할 수 있는 자원이 있어요(로비 활동에 관해 알아보려면 7장을 확인하세요). 이들 가운데 어떤 이는 특정 사안을 어떻게 취급하고 보여 줄지 결정할 수 있는 미디어 회사까지 소유하고 있습니다. 그래도 중위 계층이 두껍고 안정적이라면, 정치인들 역시 중위 계층의 목소리에 귀 기울여야 하지요.

> 연구에 따르면 사람들은 정치 체제가 공정하다고 믿을 때, 자신이 정치에 더 큰 영향력이 있다고 느낍니다.

더 또는 덜

**더 평등한 국가가 시민의 삶을 개선할 수 있는
가장 확실한 방법은 그저 중요한 것들을
더 쉽게 구매할 수 있도록 만드는 것입니다.**

이 방법으로 앞서 소개한 노르웨이의 소피와 영국의 미카엘라를 포함해, 하위 소득 계층의 가정들을 경제 사다리 위쪽으로 끌어올릴 수 있어요.

유급 육아 휴직은 산모에게 출산 후 회복할 수 있는 시간을 줍니다. 또 부모가 경제적 어려움을 겪지 않고 자녀와 유대감을 형성할 기회도 주지요.

　소피의 남동생이 태어났을 때 소피의 부모는 둘이 합쳐서 49주간 유급 육아 휴직을 했습니다. 미카엘라의 남동생이 태어났을 때 미카엘라의 부모도 둘이 합쳐서 50주를 쉴 수 있었지만, 급여가 지급된 것은 37주뿐이었어요.

보육 비용은 가족들이 쓰는 가장 큰 비용인데, 보육 보조금은 이 부담을 줄여 줍니다.

소피의 부모는 정부의 재정 지원 프로그램이 보장해 주는 보조금 덕분에 보육 비용을 줄일 수 있습니다. 그 덕분에 둘 다 일하러 나가 소득을 벌기가 더 쉽지요. 노르웨이는 예산의 약 3분의 1을 이와 같은 보조금에 써요.

자금이 넉넉한 학교는 학습 장애아부터 이민자를 위한 언어 교육까지, 특별한 도움이 필요한 학생들에게 프로그램을 제공할 가능성이 큽니다.

일반 대학교, 전문 대학, 직업 훈련 학교의 등록금이 없거나 매우 적으면, 고등 교육을 받거나 더 나은 직업을 얻는 것을 방해하는 장벽이 사라집니다.

영국의 경우,

교육 성과와 소득 사이에 더 뚜렷한 관계가 있어요. 부유한 어린이들이 가난한 어린이들보다 더 수준 높은 교육을 받을 기회가 더 많습니다. 노르웨이의 국공립 대학교는 수업료가 무료라서 가정의 소득 수준과 관계없이 모든 학생이 대학에 다닐 수 있습니다(국공립 대학교는 정부에서 자금 지원을 받는 대학교입니다).

스포츠와 같이 정부 지원을 받는 교과 외 활동을 통해 어린이들은 건강을 유지하고 사회적 유대 관계를 형성하며 삶의 기술을 쌓을 수 있어요.

영국의 부유한 어린이들은 가난한 어린이들보다 신체 활동을 더 많이 합니다. 신선한 과일과 채소를 더 많이 먹을 여유도 있어 비만이나 다른 건강 문제가 생길 위험도 낮아요. 노르웨이의 정부 정책은 어린이들이 운동과 영양가 있는 음식에 더 쉽게 다가갈 수 있도록 합니다.

노르웨이가 비용을 감당하는 법

다양한 재화와 서비스에 부과되는 세금 때문에 노르웨이는 살기에 가장 비싼 나라 가운데 하나입니다. 그러나 노르웨이 정부가 걷는 세금은 바로 이런 다양한 혜택을 제공하는 데에 쓰여요. 세금은 영국이 더 적지만, 미카엘라 같은 가족이 비슷한 서비스를 누리기 위해서는 비용을 더 많이 감당해야 하므로 여유 소득이 줄어듭니다. 게다가 노르웨이는 월급이 영국보다 더 많아서, 정부가 지원하지 않는 것들에 쓸 수 있는 돈은 소피의 부모가 더 많아요. 세금이 어떻게 불평등 문제를 해결할 수 있는지는 7장에서 더 자세하게 파헤칠 것입니다.

핵심 노트 💬

소피와 미카엘라의 가족은 같은 유럽에 살면서
비슷한 가구 소득을 벌고 있지만, 노르웨이의
소피네 가족이 누리는 삶의 질이 더 좋을 거예요.

그 밖에 우리가 배운 것

⊘ 부자와 가난한 사람 사이의 경제적 격차가 클수록
  그 국가는 덜 평등합니다.

⊘ 두 국가가 겉으로는 비슷해 보여도 평등한 정도는
  다를 수 있습니다.

⊘ 더 평등한 사회는 대체로 더 안전하고, 더 건강하고,
  더 번영하며, 더 민주적입니다.

⊘ 보육과 교육 같은 보편적인 비용은 더 평등한 국가에서
  감당하기가 더 쉽습니다.

이루어지고 있는 활동들

모든 어린이에게 운동할 기회를 보장하는 '스포츠에서의 어린이 권리'라는 정부 정책 덕분에, 노르웨이 어린이의 90% 이상이 스포츠 팀에 참여하고 있어요.

핀란드에서는 어린이집에서 맞벌이 부모를 위한 육아 서비스와 어린이 조기 교육 서비스를 제공합니다. 이에 대한 비용은 가정 소득과 자녀 수에 따라 달라지는데, 최하위 소득 계층의 가정은 정부가 전체 비용을 부담합니다.

독일은 모든 유럽 학생과 국제 유학생에게 무료로 대학 수업을 제공합니다. 대학교 교육 비용이 가장 비싼 OECD 국가로는 미국, 영국, 룩셈부르크가 있습니다.

3장

위로 올라가기

왜 부자만 더 부유해질까

사다리에서 올라가기

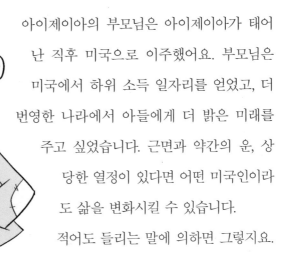

아이제이아의 부모님은 아이제이아가 태어난 직후 미국으로 이주했어요. 부모님은 미국에서 하위 소득 일자리를 얻었고, 더 번영한 나라에서 아들에게 더 밝은 미래를 주고 싶었습니다. 근면과 약간의 운, 상당한 열정이 있다면 어떤 미국인이라도 삶을 변화시킬 수 있습니다.

적어도 들리는 말에 의하면 그렇지요.

매사추세츠주 보스턴 출신의 아이제이아

- ⓥ 성실한 아이티 출신 이민자의 아들
- ⓥ 미래의 소프트웨어 개발자
- ⓥ 운동화 마니아

가난한 계층에서 더 부유한 계층으로 재산의 지위가 바뀌는 것을 상향 이동이라고 하며, 이러한 열망을 가지고 미국에 가는 이민자들이 많습니다. 1931년 베스트셀러『미국의 서사시The Epic of America』에서 저자 제임스 애덤스James Truslow Adams는 아메리칸드림을 "모든 사람의 삶이 더 좋아지고 더 여유롭고 더 풍요로워지며, 능력과 성취에 따라 기회가 주어지는 땅에 대한 꿈"이라고 묘사했습니다.

그러나 하위 계층에서 중위 계층으로 상향 이동할 가능성은 대다수 OECD 국가에서보다 미국에서 더 낮습니다. 가난한 사람들이 경제 사다리를 오르느라 힘든 시간을 보내는 동안 소득과 부의 격차가 더 커질 수 있어요.

이 장에서는 상향 이동의 다양한 유형과 어떤 국가에서 상향 이동이 가장 활발한지 보여 주는 데이터를 살펴봅니다. 또 사람들의 목표를 달성할 수 있는 가장 좋은 기회가 왜 아메리칸드림이 아니라 북유럽 드림일 수 있는지도 알아볼 거예요.

상향 이동의 유형

사회적 이동과 경제적 이동은 위아래로 나타날 수 있으며 이를 측정하는 방법은 여러 가지입니다.

세대 내 이동은 어느 개인의 일생에 걸친 경제적 지위 또는 사회적 지위의 변화를 측정해요. 한 사람이, 시작한 곳과 비교해 더 높거나 낮은 경제 분배 수준에 도달한 경우 절대적 이동이라고 합니다. 어느 개인이 같은 시기에 직장에 들어간 다른 사람과 비교해 소득이 더 높거나 낮은 경우는 상대적 이동이라고 하지요.

보수가 좋은 소프트웨어 개발자가 된 아이제이아

아이제이아의 소득: **6만 8,000달러**
매사추세츠주 보스턴의 중위 소득: **6만 5,883달러**

아이제이아는 하위 소득 계층 가정에서 성장했지만, 그의 현재 소득 수준은 그가 사는 지역에서 중위 계층으로 여겨집니다.

아이제이아의 소득: **6만 8,000달러**
보스턴에 사는 18~34세 성인의 중위 소득: **4만 5,000달러**

아이제이아는 비슷한 나이의 다른 근로자들보다 경제적으로 더 잘살고 있습니다.

세대 간 이동은 같은 가구를 구성하는 두 세대의 경제적 지위 또는 사회적 지위의 변화를 측정합니다.

한 사람이 자신의 부모에 비해 소득이나 순자산이 더 나아졌거나 나빠진 경우, 그런 이동을 절대적 이동이라고 합니다.

어느 개인의 소득이나 부의 분배 수준이 부모의 수준과 다른 경우, 그런 이동은 상대적 이동입니다.

아이제이아의 부모

세탁소 운영

아이제이아 부모의 가구 총소득: 4만 3,000달러

아이제이아의 소득: 6만 8,000달러

아이제이아의 소득은 부모의 소득을 합한 것보다 58% 많습니다.

아이제이아의 부모: 하위 소득 계층 수준

아이제이아: 중위 소득 계층 수준

상향 이동의 장점은 단순히 부자가 된다거나 더 많은 운동화를 살 수 있는 데서 그치지 않습니다. 아이제이아가 중위 계층 내에서 위로 이동할수록, 일자리를 잃는 등 소득의 변화가 있을 때 빠르게 몰락할 위험이 줄어든다는 것이지요.

아이제이아는 미래에 모든 유형의 상향 이동을 경험할 것이고 부모님은 아들을 자랑스러워하게 될 거예요.

우리는 아이제이아가 어떻게 역경을 극복했는지는 알 수 없어요. 미국에서는 하위 소득 가정에서 태어난 10명 가운데 1명만이 상위 소득 계층에 도달하며, 약 3분의 1은 그들이 태어난 계층에 그대로 머물러 있습니다. 데이터는 분명해요. 하위 소득 가정에서 태어난 아이들이 미국에서 경제 사다리 위쪽으로 올라가는 일은 어려울 거예요. 하지만 모든 나라에서 그런 것은 아닙니다.

꿈일까 환상일까?

위대한 개츠비 곡선으로 알려진 뒷장의 그래프를 보세요. 이름은 아메리칸드림의 환상을 묘사한 스콧 피츠제럴드의 고전 소설에서 따왔어요. 이 그래프가 다른 부유한 국가들에 비해 미국에서 상향 이동 가능성이 적다는 것을 보여 주기 때문입니다.

위대한 개츠비 곡선은 한 국가의 평등 정도와 해당 국가의 세대 간 이동성, 즉 자녀가 성장한 뒤의 소득이 부모의 소득보다 나아질지 아닌지를 비교해 보여 줍니다.

그래프에서 막대는 지니 계수로 측정한 해당 국가의 평등 정도를 나타냅니다. 앞서 말했듯, 지니 계수가 0에 가까울수록 더 평등합니다. 이것은 짧은 막대로 표시된 오른쪽 국가들이 더 평등하고, 긴 막대로 표시된 왼쪽 국가들이 덜 평등하다는 뜻이에요.

그래프를 가로지르는 선에는 '세대 간 소득 탄력성'이라는 끔찍한 제목이 달려 있습니다. 어떤 사람이 부모와 같은 소득 수준에 도달할 가능성을 수치로 나타낸 것이지요. 지니 계수처럼 0부터 1 사이로 나타냅니다. 수치가 0이라면 성장한 자녀의 소득과 부모의 소득 사이에는 아무런 연관성이 없다는 것을 뜻해요. 수치가 1이라면 성장한 자녀의 소득이 부모의 소득과 똑같은 수준이 될 것이라는 뜻입니다.

상향 이동을 하려면, 부모의 경제적 지위가 중요한 역할을 하지 않을수록 좋아요. 따라서 지니 계수와 마찬가지로 세대 간 소득 탄력성 수치도 낮을수록 좋습니다.

그래프에서 무엇이 보이나요? 이탈리아와 프랑스 두 국가의 혹을 제외한다면, 선은 평등한 방향으로 아래로 기울어지면서 막대의 높이를 따르고 있지요. 더 평등한 나라일수록 자녀의 미래에 부모의 소득이 덜 중요하다는 것을 알 수 있습니다.

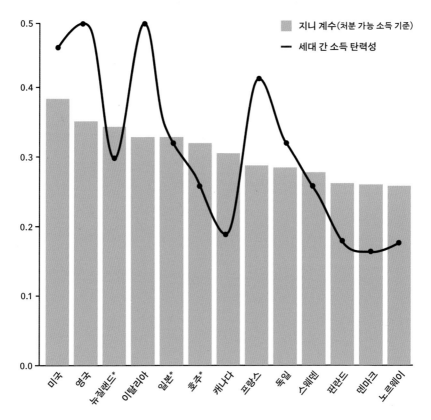

지니 계수(처분 가능 소득 기준)

세대 간 소득 탄력성

미국 영국 뉴질랜드* 이탈리아 일본* 호주* 캐나다 프랑스 독일 스웨덴 핀란드 덴마크 노르웨이

* 2017년 수치가 아직 없는 경우에는 그에 가장 가까운 연도의 수치를 사용함.
출처: OECD 통계, 2017; 마이클 코락, 2012

이 그래프를 통해 우리는 일부 국가에서는 평등과 상향 이동성 사이의 관련성이 작다는 것을 알 수 있습니다. 예를 들어 이탈리아의 지니 계수와 세대 간 소득 탄력성 수치 사이에는 큰 차이가 있어요. 이탈리아에서 상향 이동 가능성은 평등 수준이 비슷한 다른 나라들보다 낮은 것이지요.

여기에는 여러 가지 원인이 있습니다. 청년 실업률이 높아 많은 젊은 노동자가 일자리를 찾아 이탈리아를 떠나는 것이 그중 하나예요. 또 이탈리아는 젊은이들을 위한 이동성 증진 프로그램보다 노인 지원 프로그램에 더 많은 돈을 투자하고 있지요. 만약 이탈리아가 덜 평등한 국가였다면 상향 이동 가능성은 지금보다 더 희박했을 거예요.

보고서의 곡선

앞서 확인한 것처럼, 빈부 격차는 정말 중요해요.
격차가 커지는지 줄어드는지 역시 중요하고요.
누가 올라가고 누가 내려가며
제자리에 머무는 사람은 누구일까요?

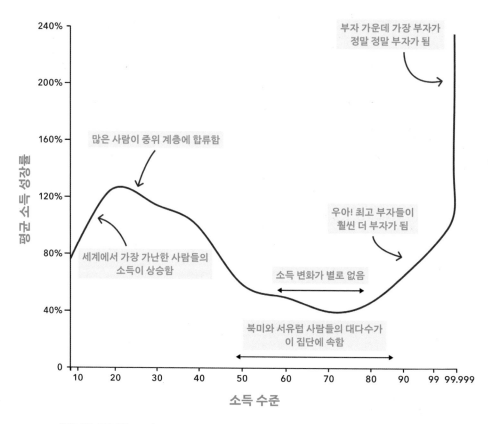

부자 가운데 가장 부자가
정말 정말 부자가 됨

많은 사람이 중위 계층에 합류함

세계에서 가장 가난한 사람들의
소득이 상승함

우아! 최고 부자들이
훨씬 더 부자가 됨

소득 변화가 별로 없음

북미와 서유럽 사람들의 대다수가
이 집단에 속함

평균 소득 성장률

소득 수준

출처: 「세계 불평등 보고서」, 2018
「세계 불평등 데이터베이스, 분석 보고서 시리즈」, 번호 2017/20

마지막으로 그래프를 하나 더 살펴보아요. 지난 40년 동안 전 세계적으로 소득이 어떻게 변화해 왔는지 보여 주는 그래프입니다. 소득이 개선된 계층은 어디인가요? 소득이 악화한 계층은 어디인가요? 누가 평등 개선 측면에서 합격점을 받았나요?

그래프의 가로축은 전 세계 인구를 같은 크기의 집단으로 나눈 것입니다. 소득 수준이 가장 낮은 집단이 맨 왼쪽에 있고 오른쪽으로 갈수록 소득 수준이 높아지지요.

그래프의 세로축을 보면 1980년부터 2016년 사이에 각 집단의 평균 소득이 얼마나 증가했거나 감소했는지 확인할 수 있습니다.

꾸준한 진전

그래프의 가장 왼쪽을 보면 세계에서 가장 소득이 적은 사람들의 소득이 증가한 것을 알 수 있습니다. 이는 40년 전과 비교해서 극심한 빈곤 속에서 사는 사람이 줄었다는 것을 뜻해요. 좋은 일 같지요. 그러나 조사해 보면, 이러한 변화는 대부분 저개발 국가 전체가 아니라 세계에서 인구가 가장 많은 중국에서 나타난 것을 알 수 있습니다.

개선의 여지

그래프의 맨 왼쪽을 보면 오른쪽으로 가면서 더 많은 사람이 자국 내 중위 계층에 합류하는 것을 볼 수 있어요. 그러나 이들의 소득은 여전히 상대적으로 낮으며, 대다수 OECD 국가에서의 중위 계층의 생활 수준보다 훨씬 낮습니다.

따라잡기 위해 애쓰는

북미와 서유럽의 중하위와 중위 계층은 소득 수준이 50에서 90 사이에 해당해요. 곡선을 가로지르는 수평에 가까운 직선으로 1980년 이후 이 범위에 있는 계층의 소득이 거의 또는 전혀 증가하지 않았다는 사실을 알 수 있어요.

부조화

그래프의 맨 오른쪽에 있는 상위 1%(그리고 그 이상) 계층의 소득은 선이 가파르게 위쪽으로 휘어지고 있어요. 특히 부유하고 덜 평등한 나라에서, 하위 50% 계층의 소득보다 거의 2배나 많이 증가했습니다.

비록 세계 최빈곤층의 소득이 많이 개선되었지만, 곡선을 보면 빈부 격차가 그 어느 때보다도 커졌음을 알 수 있어요.

핵심 노트 💬

상향 이동성을 예측할 수 있는
가장 중요한 변수는 여러분이 태어난
국가입니다. 비록 덜 평등한 국가에서도
상향 이동이 가능하기는 하지만,
더 평등한 국가에서 그 가능성이 더 큽니다.

그 밖에 우리가 배운 것

- ✓ 상향 이동에는 여러 유형이 있으며, 한 사람이 그 가운데
  일부 또는 모두를 이룰 수 있습니다.

- ✓ OECD의 다른 국가에서보다 미국에서 아메리칸드림을
  성취하기가 더 어렵습니다.

- ✓ 세계에서 가장 가난한 사람들 가운데 소득이 개선된 사람들이
  많지만, 전반적으로는 빈부 격차가 커지고 있습니다.

이루어지고 있는 활동들

인생에서 성공하고 싶다면, 가능한 한 열심히 일해라! 이것이 바로 10대들이, 특히 학교 졸업이 다가올수록 자주 듣는 조언이에요. 상향 이동 가능성이 더 큰, 보다 평등한 나라에서조차 성과에 대한 중압감은 큰 타격이 될 수 있어요.

미국 오리건주 셔우드에 사는 헤일리 하드캐슬_{Hailey Hardcastle}은 학교에서 공황 발작을 겪은 후, 엄마에게 전화해 집으로 가도 되는지 물었습니다. 당시 18세였던 헤일리는 불안 장애와 우울증, 학업과 대입 준비 스트레스에 시달리고 있었어요. 무엇보다 휴식이 필요했습니다. 휴식 기간을 가진 뒤 헤일리는 정신 건강을 회복하고 다시 일어날 수 있었지요.

헤일리는 오리건주에 있는 모든 학생이 이런 선택을 할 기회를 보장받아야 한다며 캠페인을 시작했습니다. 불과 1년 뒤, 오리건주 의회는 모든 학생이 정신 건강의 날을 누릴 수 있도록 하는 법을 통과시켰으며, 헤일리는 이 법안의 문구를 작성하는 데도 참여했습니다.

더 깊게 생각해 보기

이 책 전반에 걸쳐 우리는 특히 덜 평등한 지역에서 한 사람의 경제적 지위가 인생에 더 많은 난관을 가져올 수 있다는 슬픈 사실을 보여 주는 통계를 함께 보고 있어요. 이러한 걸림돌이 실제로 있다는 것을 확인해 준다는 점에서 이 자료들이 믿음직하다고 생각하는 사람이 있을 거예요. 이 자료들은 가난한 사람들은 열심히 일하지 않거나 큰 꿈을 꾸지 않기 때문에 가난하다는 근거 없는 믿음도 반박하고 있습니다.

비록 통계가 미래를 결정하지는 않지만, 만약 통계가 여러분의 운명이 이미 정해져 있다는 생각을 자아낸다면 어떨까요? 이러한 통계를 논의할 때, 절망감을 불러일으키지 않으려면 어떻게 정보를 전달해야 할까요?

2부

가진 사람과 가지지 못한 사람

4장

커지는 문제

자연 질서

2013년에 선출된 프란치스코 교황은 아시시(Assisi, 이탈리아의 도시-옮긴이)의 성 프란치스코를 기리기 위해 자신의 교황명을 그 이름에서 따왔습니다. 아시시의 성 프란치스코는 1181년쯤에 이탈리아에서 태어난 수사이자 부제로서 이탈리아, 동물, 자연의 수호성인이 된 사람입니다.

프란체스코(성 프란치스코가 어린 시절에 불리던 이름)는 10대 시절에 특권의 전형을 보여 주었습니다. 부유층 자제로 태어나 자란 그는 게을렀어요. 기타를 연주하는 등 놀고만 지냈고, 술을 마시며 흥청거리는 데 시간을 낭비하느라 학업마저 중단했습니다. 그러다 군인으로 전투에 참전하면서 1년 동안 전쟁 포로 생활을 하다가 중병에 걸린 뒤 급격한 심경의 변화를 겪었어요. 자신의 재물을 모두 던져 버리고는 청빈을 맹세하며 가난한 사람들과 교회의 가르침에 일생을 바쳤습니다.

아시시의 성 프란치스코가 자신의 재물을 포기한 일은 오늘날에

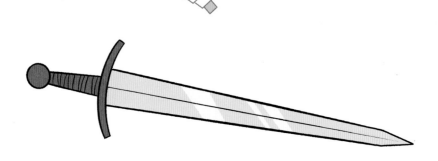

도 그렇지만 당시에도 예외적인 일이었어요. 과거에는 태어날 때부터 사람의 인생행로가 거의 정해져 있었습니다. 예를 들어 중세 유럽에서 사람들은 일하기 위해 태어났거나(농민), 기도하기 위해 태어났거나(성직자), 싸우기 위해 태어났습니다(전사). 만약 아버지가 농부라면, 평생 농사를 지었지요.

왕자와 농민의 오랜 역사를 고려해 보면, 우리는 항상 이런 식으로 살아왔다고 생각하기 쉬워요. 성 프란치스코는 이 자연 질서와의 싸움을 선택한 것이지요. 인간은 본능적으로 경쟁적이고 누가 우위를 차지하느냐에 집착한다고들 합니다.

우리가 정말 그런가요?

이 장에서 우리는 경제적 불평등이 시작된 시점으로 거슬러 올라갑니다. 고대 조상들이 사용했던 더 평등한 방법으로는 무엇이 있으며 시간이 흐르면서 어떻게 불평등이 확대되었는지에 관한 이론들

을 살펴볼 거예요. 그런
다음 지난 수십 년 동안
많은 OECD 국가에서
불평등을 증가시킨 세 가지 변화도
살펴볼 것입니다. 이러한 변화들로 인해 사람들의
상향 이동이 힘들어졌으며 어떤 사람들은
하향 이동을 경험했어요. 그러나 불평등이
점점 심해지고 있다고 해서 그것이
자연스럽거나 불가피한 현상은
아니라는 것은 역사를 보면
알 수 있습니다.

"격차가 점점 더 커지고 있으며 소수의 탐욕이 다른 많은 사람의 빈곤을 가중시킨다는 염려는 하지 않은 채, 우리는 각자 성급하게 자기 갈 길을 가고 있습니다."

– 2019년 가톨릭교회 수장, 프란치스코 교황

인간은 늘 불평등했을까?

**슈퍼마켓이나 심지어 농장이 생기기 전 수만 년 동안,
인간은 동물을 사냥하고 식물을 채집하며 살았습니다.**

지금까지 남아 있는 몇몇 수렵·채집 사회의 모습을 통해 초기 조상들이 어떻게 살았는지 단서를 얻을 수 있어요. 탄자니아 북부의 원주민 하자족의 유전자를 검사한 결과, 그들의 DNA 혈통이 10만 년 전 이상으로 거슬러 올라간다는 사실을 알아냈습니다. 화석 기록에 따르면 동아프리카 전역의 사람들은 오늘날 하자족처럼 사냥하고 채집했으며 무리를 지어 살았습니다. 오늘날 1000명에서 1500명에 이르는 하자족 인구 가운데 약 4분의 1은 여전히 오로지 사냥과 채집으로만 살고 있지요.

현재 남아 있는 대부분의 수렵·채집 사회와 마찬가지로, 하자족 역시 평등을 중시해서 모든 사람을 동등하게 여겨요. 그들은 20~40명씩 집단을 이루어 살면서 음식, 물, 무기, 도구, 땅 등을 공유해요.

세대를 거쳐 상속되는 '부(재산)'는 대부분 무형의 장점들, 예를 들면 건강, 사냥 기술, 강한 유대 관계 같은 것들입니다.

평등주의 사회에서는 경제적으로뿐만 아니라 사회적으로도 평등합니다. 어떤 사람이나 집단도 다른 사람보다 강한 권력이나 권위를 누리지 않아요. 개인은 집단에 피해를 주지 않는 범위 안에서 자유롭게 결정을 내릴 수 있습니다.

우리의 초기 조상들이 하자족만큼 평등했는지 확실하게 알 수는 없지만, 평등주의 수렵·채집 사회는 불평등이 불가피한 현상이 아니라는 점을 보여 줍니다.

그 고기는 별로야

아프리카 남부의 칼라하리 사막에 사는 주와시족 사람들에게는 평등을 훼손하지 않기 위해서 자만심을 억제하는 묘수가 있습니다. 사냥을 나갔던 사람들이 신선한 사냥감을 가지고 집으로 돌아오면, 사람들은 그 고기에 대해 칭찬 대신에 모욕을 주는 것이에요. 주와시족의 한 남자는 캐나다 인류학자 리처드 리Richard B. Lee에게 이렇게 설명했어요.

"어느 젊은이가 동물을 많이 사냥하면, 그는 자신이 족장이나 지도자가 된 것처럼 느끼고, 나머지 사람들을 하인이나 아랫사람처럼 여기게 되어요. 우리는 이를 용납할 수 없어요. [……] 그래서 우리는 항상 그가 사냥한 고기는 쓸모없다고 말합니다. 이런 식으로 그의 가슴을 식히고 순하게 만들죠."

부와 가난의 시작

불평등이 불가피하지 않다면, 우리는 왜 이토록 불평등해졌을까요?

많은 인류학자가 약 1만 2000년 전에 작물을 재배하고 가축을 키우는 농업이 시작된 것이 불평등을 유발하는 데 큰 역할을 했다고 믿습니다. 식량을 재배하고 기르면서 우리가 먹고 일하고 사는 방식이 통째로 바뀌었다는 것이죠.

충분한 것보다 많이

농업이 시작된 후 수천 년 동안, 우리 조상들은 가족을 먹여 살릴 만큼만 생산하는 자급 농업을 유지했으며, 사냥과 채집을 계속했어요. 그러다가 더 많은 곡물을 재배하면서 잉여 작물이 생겨나기 시작했습니다. 곡물은 오랫동안 저장할 수 있었으며 다른 물건과 교환할 수도 있었지요. 너무 적게 생산한 사람이 너무 많이 생산한 사람에게 곡물을 빌리면서 빚도 생겨나기 시작했습니다. 어떤 사회에서는 가족들이 경작한 땅에 대한 소유권이 등장했고 그 소유권을 다음 세대에 물려주었습니다. 잉여 작물과 땅의 소유권은 부의 초기 형태였는데, 시간이 지나면서 그 부의 분배가 매우 불평등해졌지요.

돈이 나타나다

돈이 발명되기 전에 사람들은 물건과 노동을 직접 교환했어요. 시간이 흐르면서 소금, 모피, 씨앗, 무기처럼 귀하고 교환하기 쉬운 물건들이 인기 있는 거래 상품이 되었습니다. 세계 최초의 주화는 기원전 600년경에 나타났으며, 1661년에는 최초의 은행권〔지폐〕이 나타났지요. 중세 시대에 이르러 사람들은 소비, 투자, 무역을 하느라 '돈'을 빌리고 빌려주었습니다.

국가의 등장

농업이 발달하면서 사람들은 100~200명 정도의 규모로 한 마을에 정착하기 시작했습니다. 약 6000년 전에는 수천 명이 사는 도시로 커진 곳도 생겨났어요. 농업은 성장하는 인구를 먹여 살리기 위해 더욱 대규모로 이루어져서 작물 생산량이 늘어났고, 마침내 최초의 국가가 등장했습니다.

국가는 군주제나 다른 통치 체제 같은 하나의 지도력 아래 조직된 영토입니다. 국가가 번영하려면 여러 지역을 연결하는 도로, 사람, 농작물에 물을 대는 관개 시설, 경쟁국들로부터 국토를 지키는 군대 같은 것이 필요해요. 국가의 전체 또는 대다수 구성원에게 혜택을 주는 이러한 자원과 서비스를 공공재라고 합니다. 공공재를 만들고 공급하기 위해 국가는 세금을 거두기 시작했는데, 초기의 세금은 농작물 일부를 내놓거나 국가를 위해 일하는 형태였습니다.

이에 따라 세금 징수원, 관리자, 하인, 성직자, 군인 같은 새로운 직업이 생겨났습니다. 밭을 경작하려면 노동력이 많이 필요했기 때문에 권력을 가진 사람들은 다른 사람들에게 노동을 강요했고 노예 제도까지 생겨났어요. 인간이 더 많은 부를 추구하면서 사회는 '가진 사람'과 '가지지 못한 사람'으로 나뉘기 시작했습니다.

집의 크기

워싱턴 주립 대학교와 애리조나 주립 대학교의 고고학자들은 유럽, 아시아, 북미, 중미에서 발견된 63개의 고고학 유적지에서 고대 집들의 크기를 측정했습니다. 기원전 9000년까지 거슬러 올라가 수렵·채집인들의 예전 주거지, 작은 농장이 달린 마을, 초기 로마 도시 같은 유적지를 연구했지요.

고고학자들은 부유한 가정이 더 넓은 집을 보유하고 있었을 것이므로, 어떤 유적지에서 집의 크기가 크게 차이 날수록 그 사회는 덜 평등했을 것이라는 가설을 세웠어요. 유적지의 집들을 비교한 끝에 고고학자들은, 대규모 농업을 시작한 후에도 상당한 기간 동안 상대적으로 평등한 사회가 꽤 있기는 했지만, 농업과 함께 불평등이 시작되었으며 시간이 지남에 따라 불평등이 증가했다고 결론을 내렸답니다.

일하는 방식의 변화

우리가 일하는 방식이 계속해서 변한 것도
지난 수십 년 동안 불평등이 증가한 또 다른 원인이에요.

사회가 발전하면서 일하는 기술도 발전했고 장인과 예술가라는 새로운 계층도 생겨났어요.

땅은 하나의 상품이 되어 사고팔 수 있게 되었으며, 다양한 용도로 사용해 이익을 만들어 내는 물건으로 변했습니다. 땅을 가진 사람은 지주가 되었고 소작농은 고된 노동을 하거나······

농사일을 그만두고 장사를 시작했습니다. 18세기 후반부터 시작된 산업 혁명으로 기술이 발전하면서 공장에서는 대규모 상품 생산이 가능해졌습니다.

수백만 명의 공장 노동자는 위험한 환경에서 적은 대가를 받으며 오랜 시간 일했습니다.

제1차 세계 대전이 발발하기 전인 '도금 시대(미국의 자본주의가 급속히 발전한 시기-옮긴이)'와 전후의 경제적 격차가 더 커졌습니다. 대서양의 양쪽에 있는 유럽과 미국의 부자들이 자신의 부와 자유 시간을 과시하는 동안, 일반 노동자들은 먹고살려고 버둥거렸지요.

제2차 세계 대전 이후 제조업 붐이 일었어요! 많은 국가의 경제가 눈부시게 성장했으며 자동차, 전자 제품, 항공을 포함해 여러 산업이 급속히 발달했습니다.

1913년에는 미국인 기업가 헨리 포드가 세계 최초로 조립 라인을 가동함으로써 이전보다 훨씬 짧은 시간에 자동차를 대량으로 생산할 수 있게 되었습니다.

제조업 같은 산업에 종사하는 노동자들의 임금은 중위 계층에 들어갈 수 있을 정도로 높아졌습니다. 교사, 기술자, 관리자를 포함해서 더 많은 사람이 이른바 '화이트칼라' 직업에 고용되었어요.

그것은 멋진 신세계였습니다!
그래서 미래를 낙관한 사람들이 많았지요.

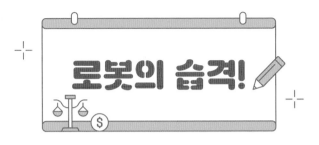

로봇의 습격!

사람들의 직업을 대체하는 새로운 기술이
발전하지 않았던 시대는 단 한 번도 없었습니다.

전화 교환원은 현대식 전화기로 대체되었습니다. 마을에 공지 사항
을 알리던 관리들은 대량 생산된 신문, 라디오, 텔레비전, 인터넷으
로 대체되었고요. 이제 가로등은 어둠이 내리면 자동으로 켜집니다.

최근에는 상점들이 자율 계산대를 도입해서 고객들은 더 이상 점원의 도움을 받을 필요가 없게 되었어요. 조만간 우리는 대중교통, 택시, 트럭 운전기사를 대체하는 자율 주행 자동차를 볼 수 있을 거예요.

사람이 기계나 다른 기술로 대체되는 과정을 자동화라고 부릅니다. 자동화는 중위 계층 노동자를 대규모로 고용하던 산업들에 중대한 영향을 미쳤어요.

미국은 과거 어느 때보다 제조업체를 많이 보유하고 있지만, 미국의 조립 라인에서 일하는 노동자 수는 크게 줄어들었습니다. 이와 같은 일자리 상실로 인해 경제 사다리에서 위로 올라가는 일이, 또는 자신의 위치를 유지하는 일이 그 어느 때보다 어려워진 사람이 많습니다.

이윤은 제품이나 서비스를 판매해서 얻은 돈에서 비용을 뺀 나머지 금액입니다. 제2차 세계 대전 이후 경제 호황기에는 기업의 이윤이 증가하면서 노동자들의 임금도 오르는 경향이 있었어요. 그런데 최근 수십 년 동안 자동화 시설 확산 같은 변화로 기업의 이윤이 증가하더라도 임금은 오히려 감소했어요.

다음은?

자동화는 일반적으로 교육이나 훈련이 많이 필요하지 않은 일자리에 큰 영향을 미쳤습니다. 기술이 더욱 정교해지면, 교육을 많이 받아야 하

제조업 일자리가 사라지면서 많은 노동자가 서비스 산업으로 일자리를 옮겼습니다. 안타깝게도 일부 국가에서는 지난 수십 년 사이에 서비스 산업의 임금이 하락하고 있어요. 그 이유는 161~164쪽에서 살펴볼 거예요.

는 일자리까지 인공 지능이 대체할지도 모르지요. 예를 들어 재무 상담사는 사람들에게 돈을 투자하는 방법을 조언할 수 있는 최첨단 소프트웨어와 경쟁하게 될 거예요.

여러분은 이렇게 질문할지도 모르겠네요. '로봇 군단이 우리 모두를 대체한다면 우리는 왜 학교에서 열심히 공부해야 하지요?'

바로, 그렇지 않기 때문입니다. 많은 직업에서 인간은 매번 로봇을 물리쳤어요.

법률, 의료, 보육, 노인 돌봄처럼 사람 사이의 상호 작용이 필요한 직종에서 특히 그렇습니다. 예술, 디자인, 요리, 공예 분야도 그렇고요. 기술도, 그것을 발명하고 수리하고 발전시키려면 항상 사람이 필요해요. 사실 전문가들은 오늘날 젊은이들에게 평생 경력을 위한 훈련을 하는 대신 공감, 분석, 의사소통, 비판적 사고, 수리, 창의성처럼 여러 분야에서 유용한 기능을 계발하면서 평생 학습에 집중해야 한다고 조언합니다.

과학 기술이 조종사나 컴퓨터 프로그래머, 특수 효과 디자이너, 실험실 기술자, SNS 인플루언서 등 이전에는 존재하지 않았던 산업과 일자리를 새로 창출했다는 사실도 잊지 마세요. 현대 세계에는 과학 기술의 도움으로 해결해야 할 문제가 여전히 많아요. 가장 중요한 문제로 기후 변화가 있지요. 재생 가능 에너지를 더 많이 생산하고, 건물을 개조해서 에너지를 절약하고, 쓰레기를 재활용하는 새로운 방법을 개발하는 등과 관련해서 새로 만들어질 일자리가 얼마나 많을까요?

**지난 40년 동안 중위 계층과 상향 이동성에,
특히 제조업 노동자들에게 타격을 준
유일한 변화가 자동화뿐만은 아니었어요.**

1960년대부터 북미와 유럽(그리고 나중에는 일본)에 있는 기업들이 제품에 들어가는 부품들을 아시아로 보내기 시작했습니다. 그러면 홍콩, 대만 등에 있는 노동자들이 상대적으로 싼 임금을 받고 제품을 조립했지요. 그렇게 완성된 제품은 회사가 있는 본국으로 다시 수입되거나 아니면 다른 나라로 수출되었습니다.

1970년대와 1980년대를 거치면서 태국, 말레이시아, 인도네시아를 비롯한 아시아 국가가 조립 생산의 중심지가 되었습니다. 2000년대에는 중국이 섬유, 의류, 전자 부품, 가전제품 생산에서 조립 라인의 초강대국으로 떠올랐지요. 얼마 지나지 않아 중국은 가구는 물론이고 전구, 장난감에 이르기까지 사실상 거의 모든 가정용품을 생산하고 조립하는 국가가 되었습니다.

아시아 국가들의 싼 임금 덕분에 제조업체들은 제품 가격을 낮추면서도 더 많은 이윤을 벌 수 있었어요. 이는 저렴한 제품을 찾는 소비자들에게는 좋은 소식이지만, 자신의 일자리를 외국에 빼앗긴 노동자들에게는 나쁜 소식입니다.

이러한 개발 산업(대규모 장비와 설비를 활용해 대량 생산을 해서 한 나라의 산업 발달에 도움을 주는 산업-옮긴이) 덕분에 아시아 노동자 수백만 명이 빈곤에서 탈출하게 된 것은 사실이지만, 불공평하고 안 전하지 않은 환경에서 일하고 있는 노동자들이 많다는 점을 잊지 말아야 해요.

> 무거운 제품은 운송비가 많이 들어요. 그래서 자동차 산업 같은 일부 산업은 본국에서 가까운 국가에서 제품을 조립하기 시작했 습니다. 예를 들어 미국의 여러 자동차 업체는 멕시코에서 자동 차를 조립하고 있어요.

스마트폰을 만드는 방법

미폰mePhone이라는 새로운 스마트폰을 만든다면 어떤 과정을 거쳐 야 할까요? 발명부터, 스마트폰에 열광하는 여러분의 손에 전달되기 까지 미폰이 전 세계를 여행하는 모습을 따라가 봅시다.

특허는 발명품을 독점적으로 만들고 사용하고 판매할 수 있는 법 적 권리입니다. 스마트폰 기술과 관련한 특허가 대부분 그렇듯이, 미폰에 대한 특허 역시 장치를 설계하고 시험하는, 캘리포니아에 있는 미국 회사들이 보유하고 있어요.

미폰을 만드는 데 필요한 광물 중 충전식 리튬 배터리에 사용되는 코발트가 있습니다. 이것은 콩고 민주 공화국에 있는 중국인 소유의 광산 회사 사람들이 손으로 직접 캐냈지요. 현장에서 예비 처리 과정을 거쳐 수산화 코발트를 생산하고, 이것을 탄자니아의 다르에스살람으로 운송한 뒤, 최종 정제 단계를 위해 다시 중국으로 가져옵니다. 이 코발트는 중국, 일본, 대만, 대한민국에 있는 스마트폰 부품 제조 회사뿐 아니라 동남아시아에 있는 공장에도 판매되지요.

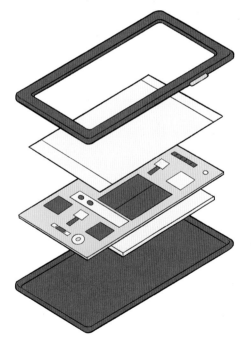

일본 회사들은 화면에 쓰이는 특수 유리, 듀플렉서, 표면 탄성파 필터, 전력 증폭기, 컴퓨터 칩 등 미폰 부품 대부분을 생산합니다.

상단과 하단 덮개, 회로 기판은 중국에서 만들고 조립 또한 중국에서 합니다.

그 뒤 미폰은 중국 선전에 있는 거대한 창고에서 출발해 모국인 미국과 전 세계에 흩

어져 있는 물류 센터로 운송됩니다. 물류 센터는 미폰을 소매점, 온라인 판매자, 통신사로 보냅니다.

이렇듯 전자 제품을 제조하는 일은 이제 국제적인 협업으로 이루어지고 있어요. 특허는 북미, 유럽, 일본 기업들이 보유하고 있지만, 제품은 위에서 설명한 시스템(이것을 공급망이라고 함)을 통해 만들어지며, 전 세계를 돌 수도 있어요. 이윤은 대부분 특허를 가진 기업의 경영진과 소유주가 차지하며, 공급망을 따라 내려갈수록 기업들과 근로자들에게 돌아가는 몫은 점점 줄어듭니다. 실제로 제품을 조립하는 근로자들에게 돌아가는 이윤은 거의 없게 되지요.

수백 년 동안 OECD 국가들의 경제는 주로
밀을 재배하거나 옷감 등 물건을 제조하거나,
사람을 고용해 배관 작업이나 보건 같은
서비스를 제공하는 산업들로 구성되어 있었어요.

오늘날 부자들은 세계화와 기술 덕분에 다양하고 새로운 금융 활동으로 돈을 벌 수 있습니다. 이것은 경제에서 금융의 중요성과 위력을 증대시켰는데, 이를 금융화라고 부르지요.

연구에 따르면 국가 경제가 '금융화'될수록 불평등이 더 심해집니다. 다음의 세 가지 사례를 통해 그 원인을 이야기해 볼게요.

규제 완화

1980년대부터 OECD 국가 대부분은 금융 활동을 통제하는 각종 규제나 규칙을 대폭 완화했습니다. 이러한 규제 완화는 일부 국가에서 은행과 기타 금융 회사들이 투자자들에게 포장해서 판매할 수 있는 새로운 유형의 자산을 만들어 내는 데 지원군이 되었지요.

예를 들어, 집을 살 때 대다수 가정은 모기지(주택 담보 대출)라는 대출을 지역 은행에서 받아요. 모기지를 받으면 보통 수년 동안 매달 은행에 빚을 갚습니다. 규제 완화 이후, 은행들은 수천 건의 모기지를 하나로 모아 포장한 뒤 월 수령 금액에 대한 권리를 투자자들에게 하나의 금융 상품으로 팔기 시작했습니다.

부유한 투자자들과 금융 회사들은 금융 부문에 대한 규제를 계속 완화하도록 정부에 엄청난 압력을 가합니다. 그러나 만약 일이 잘못되면 어떻게 될까요? 투자자들이 처음에 생각했던 것만큼 가치가 있지 않은 '불량 자산'을 쌓아 놓았을 때, 누가 은행들을 구제해 줄까요? 맞아요. 정부입니다.

> 수십 년 동안 소득 변동이 없다 보니, 하위 계층 가구와 중위 계층 가구는 기본 필수품이나 자산(집처럼 전통적인 종류일 가능성이 큼)을 구매할 때, 대출을 받는 경우가 점점 더 많아지고 있습니다.

금융화

규제 완화는 금융 부문의 성장으로 이어졌고, 이는 금융화 진전에 큰 역할을 했습니다. 여러분도 은행, 보험 회사, 회계사, 세무 변호사 같은 금융 부문의 사업이나 직업을 몇 가지 알고 있을 거예요. 고객을 대신해 투자해 주는 투자 서비스 회사들도 금융 부문에 해당합니다. 금융 부문을 이루는 것의 공통점은 돈으로 돈을 번다는 점이지요.

누군가 돈을 버는 데 성공한다면 좋은 일입니다. 하지만 누가 성공할까요? 이미 돈이 있는 사람들입니다! 금융 부문은 가장 부유한 사람들이 지배하는데, 그들은 투자하는 법과 그러한 투자에 따르는 위험을 감수하는 교육을 받았을 뿐 아니라 자원도 보유하고 있어요. 그들은 외국 기업들에 투자하면서 돈을 전 세계로 옮깁니다. 그들은 석유 가격 변동처럼 미래에 일어날 사건들을 예측하려고 노력하는데 이러한 예측은 석유의 실제 가격에 영향을 미칠 수 있고 따라서 땅에서 추출하는 원유의 양에도 영향을 미칠 수 있어요. 또 그들은 대개 눈앞의 이익을 추구하는 탓에, 정부는 경제의 장기적인 건전성과 안정성을 걱정해야 합니다.

직원보다 주주

네덜란드 동인도 회사는 17세기에 일반 대중에게 주식을 판 최초의 회사였습니다. 주식은 한 회사에 대한 소유권 지분을 나타내요. 주식을 사고파는 사람들이

> 회사는 매출을 늘리거나(제품이나 서비스를 더 많이 팔아서) 비용을 줄여서(인건비와 부품 관련 지출을 줄여서), 더 많은 이윤을 낼 수 있습니다.

그 순간에 회사의 가치를 어떻게 평가하는지에 따라 주가가 오르내립니다. 주식을 소유한 사람을 주주라고 부르는데 주주들은 회사 이윤의 일부를 받을 자격이 있습니다.

금융화가 확대되면서 (많은 주식을 소유한) 회사의 대표가 직원보다 주주의 이익을 더 우선시하는 경향이 생겼습니다. 비용을 줄이는 일이 이윤을 최대화하는 한 가지 방법이기 때문에, 회사는 근로자에게 쓰는 비용을 줄일 수도 있어요. 회사가 주식의 가치를 높이는 또 하나의 방법은 여분의 현금이 있을 때 자기 회사 주식 일부를 사들이는 것(자사주 매입이라고 부름-옮긴이)입니다. 자사주 매입은 대중이 살 수 있는 주식의 양을 줄여서 일시적으로 주가를 높여줍니다. 이것은 주주의 부를 증가시키지만, 전문가들은 기업이 여분의 현금을 노동자들의 임금을 올리거나 더 많은 일자리를 창출하는 사업 확장 등에 쓴다면 근로자와 경제에 더 좋을 것이라고 말합니다.

2007년에 주택 가격이 급락하면서 주택 모기지와 연계된 자산의 가치가 감소했으며, 전 세계적으로 금융 위기가 시작되었습니다. 유럽 중앙은행(ECB)은 정부 부채와 기업 부채를 사들이는 데 거의 4년 동안 2조 6,000억 유로(약 3,690조 원)를 사용했습니다. 1분마다 130만 유로(약 18억 4,800만 원)를 쓴 셈이에요!

핵심 노트

일하는 방식의 진화는 경제 사다리의 모습을 바꿔 버렸습니다. 특히 자동화와 세계화는 지난 40년 동안 불평등을 확대하는 원인이 되었습니다.

그 밖에 우리가 배운 것

⊘ 고대 조상들은 오늘날 우리처럼 불평등하지 않았을지도 모릅니다.

⊘ 농업의 시작은 광범위하게 불평등이 나타난 근본 원인이었을 수 있습니다.

⊘ 자동화와 세계화는 일부 국가에서 불평등을 확대했지만, 소비자들에게 더 싼 물건을 공급하고 많은 아시아인을 빈곤에서 벗어나게 해 주는 등 이득도 가져다주었습니다.

이루어지고 있는 활동들

사회가 더 나은 방향으로 변화하기를 기다리는 대신, 변화를 직접 만들어 내는 젊은이들이 많아요. '유소년 기회 연합Opportunity Youth United'은 미국 전역에서 빈곤 축소와 기회 확대를 꾀하기 위해 지역 사회의 젊은 지도자들이 뭉쳐 펼치는 전국적인 운동입니다. 이 운동의 대표적인 프로그램으로 '커뮤니티 액션 팀Community Action Teams' 네트워크가 있는데, 이는 청소년들이 주도해 미국 주요 도시의 저소득 지역에서 가장 시급한 문제들을 해결하는 것이랍니다. 캘리포니아 주 새크라멘토 팀은 지역 공무원들과 만나 청소년 문제와 법 집행을 논의했을 뿐 아니라, 지역 청소년 프로그램들에 예산을 더 많이 투입하도록 시 의회에 청원하기도 했습니다.

더 깊게 생각해 보기

불평등은 언제 불공평해질까요? 두 사람이 맛있는 케이크를 나눠 먹는데 한 사람이 더 큰 조각을 가져간다고 상상해 보세요. 이는 분명히 불평등하지만, 불공평한가요? 더 큰 조각을 가진 사람이 케이크 재료비를 냈다면요? 더 작은 조각을 가진 사람이 케이크를 만드는 모든 일을 했다면요? 만약 더 큰 조각을 가진 사람이 식욕이 더 강하다면요? 아니면 더 작은 조각을 가진 사람이 온종일 아무것도 먹지 않았다면요?

사람들 대부분은 삶이 불평등하다는 것을 인정하지만, 우리가 생각하는 공평은 우리가 처한 상황, 우리의 가치 등 우리가 중요하다고 생각하는 것들에 따라 달라집니다. 평등주의 사회에서는 케이크를 어떻게 잘라야 한다고 생각하나요? 똑같이? 각 사람의 필요에 따라? 각자 공헌한 정도에 따라? 아니면 다른 무엇인가에 따라?

5장

돈보다
중요한 것

탄원서에
서명해 주세요!

빈곤의 여러 유형

열일곱 살 아미카 조지Amika George는 '생리대를 무료로Free Periods' 캠페인을 시작했습니다. 탄원이라는 방법을 썼지요. 영국 정부가 '생리 빈곤(생리대를 사기 어려울 정도로 가난한 상태-옮긴이)' 문제를 해결하고, 무료 급식을 제공하는 프로그램에 등록한 저소득층 청소년들에게 학교가 무료로 생리대를 제공하도록 하는 것이 이 캠페인의 목적이었어요. 시간이 지나면서 '생리대를 무료로' 캠페인은 생리하는 모든 사람이 나이와 관계없이 영국에서 생리 용품을 무료로 받거나 또는 저렴하게 살 수 있도록 하는 운동으로 확대되었습니다.

  이 캠페인이 불평등과 무슨 관계가 있을까요? 빈곤은 이러한 필수용품을 구매하는 데 가장 큰 방해물이에요. 생리 용품이 없으면, 생리를 하는 사람들은 학교나 일터에 가는 데 커다란 장벽에 부딪히게 됩니다. 영국 학생의 10% 가까이가 생리대를 살 돈이 없어서 학교를 주기적으로 결석해요. 더 가난한 나라들의 돈이 없는 사람들은 화장실, 씻을 물, 건강 관련 정보도 부족하지요.

생리 빈곤은 교육을 받고, 돈을 벌고, 부를 쌓을 수 있는 개인의 능력에 안 좋은 영향을 미쳐요. 만약 여러분이 생리 중이라는 이유로 학교나 직장에서 강제로 멀어진다면, 자신감과 자존감에 상처를 입을 거예요. 생리와 몸에 대한 수치심마저 들 수 있어요. 소녀와 여성을 '약한 성'으로 여기거나 그들이 있어야 할 자리는 집이라는 생각이 강화될 수도 있습니다. 생리 빈곤은 수 세기 동안 있어 왔기 때문에, 이 장에서도 다시 한번 빠르게 과거로 시간 여행을 할 필요가 있어요.

수백 년, 심지어 수천 년 동안 경제적 불평등이 어떻게 권력, 영향력, 기회의 불평등과 관련 있는 문제였는지를 알아볼 것입니다. 즉 왜 불평등이 오랫동안 돈보다 훨씬 더 중요한 문제였는지를 살펴볼 거예요.

사회 사다리

'불평등'과 마찬가지로,
'지위'라는 단어에도
한 가지 이상의 의미가 있어요.

경제학에서는 지위가 어떤 사람의 경제 수준을 묘사할 때 사용되기도 하는데, 이는 단지 돈에 관한 것만은 아니에요. 경제적 지위와 사회적 지위는 밀접하게 연결되어 있습니다. 그래서 심지어 **사회 경제적 지위**라는 멋진 용어도 있지요.

어떤 사람의 사회 경제적 지위는 소득, 교육 수준, 직업, 그리고 사람들이 중요하게 여기는 다른 여러 요인에 따라 결정됩니다. 의사와 변호사는 교육을 많이 받아야 하고 사람들에게 존경받으며 소득도 많기 때문에 대다수 사회에서 지위가 높아요. 스포츠 스타는 뛰어난 재능과 엄청난 소득 덕분에 지위가 높지요. 온라인 인플루언서는 많은 클릭 수와 조회 수로 높은 지위를 얻을 수 있습니다. 우리는 왕족을 유명 인사처럼, 유명 인사를 왕족처럼 대하면서 그들이 우리보다 우월한 듯 생각하지요.

사회 경제적 지위는 자신에 대해 보고 느끼는 방식, 즉 자아상과 자존감 형성에 영향을 미칠 수 있어요. 정신 건강에도 중대한 영향을 미칠 수 있습니다. 또 좋든 나쁘든 한 사람의 미래에도 큰 영향을 줄 수 있지요.

인간관계 부자

사회적 자본은 특별한 형태의 자산입니다. 비록 집이나 주식처럼 팔 수는 없지만, 여러분 미래의 경제적 가능성에 영향을 미치지요. 그것은 사회적 관계라는 재산을 뜻해요. 즉 가족, 지역 사회, 문화 분야에 있는 사람들과 맺고 있는 관계와 유대감을 말합니다.

덜 평등한 국가에는 사회적 자본을 가진 사람이 적어요. 우연이 아니겠지만, 연구에 따르면 덜 평등한 국가에서는 시민들 사이의 신뢰도도 낮다는 사실이 밝혀졌습니다. 사회적 자본을 많이 보유한 사람이 많은 더 평등한 국가일수록 관계, 협력, 신뢰 역시 더 풍부해요. 또 경제적 불평등이 덜 심하고 사회적 자본이 많은 곳에서는, 살아가면서 더 높은 곳으로 올라갈 기회도 얻을 수 있습니다.

유엔이 매년 작성하는 「세계 행복 보고서」에서는 시민들이 스스로 느끼는 행복도에 따라 국가 순위를 매깁니다. 가장 평등한 국가 대부분은 행복도에서 상위권에 속합니다. 이러한 행복도는 강력한 사회적 유대감과 신뢰, 풍부한 정부 혜택, 미래에 대한 낙관에 힘입은 것 같아요.

SNS에서 다른 사람의 삶을 들여다본 뒤에 우울해진 적이 있나요? 자신을 다른 사람들과 비교하면 자존감이 떨어지고 불안감이 생길 수도 있어요.

사람들은 사회적 지위가 위협받는다고 느낄 때, 스트레스 호르몬인 코르티솔 수치가 치솟아요. 코르티솔 수치가 높을수록 우울증을 비롯한 건강 문제가 생길 수도 있습니다.

자신의 경제적 지위가 상승할 가능성이 크다고 느끼는 사람들은 미래에 비관적인 사람들보다 분노를 적게 느낍니다.

사다리의 다음 발판에 손이 닿지 않는다고 느낄 때, '경제적 절망'과 패배감이 생길 수 있습니다. 하위 소득 계층과 중위 소득 계층 사이의 격차가 큰 지역의 미국 저소득층 남학생들은 대학교를 중퇴할 가능성이 더 커요.

평등한 사회일수록 약물 남용과 우울증 비율이 낮습니다. 약물 남용과 우울증은 모두 상황을 개선하는 능력에 영향을 미칠 수 있습니다.

일부 연구자는 지위가 불평등과 폭력 범죄 사이의 연결 고리라고 믿습니다. 소득과 부의 수준이 낮을 때, 개인의 사회 경제적 지위와 그에 따른 자존감은 사회적 명성에 더 많이 좌우될 수 있어요. 이는 모욕이나 무시를 받아 사회적 명성이 위협받을 때 공격성으로 이어질 수 있습니다.

지위의 변화

4장에서 배웠듯, 대규모 농업이 시작되며 사람들은 '가진 사람'과 '가지지 못한 사람'으로 나뉘기 시작했습니다.

한 사람이 어떤 집단에 속하는지는 그 사람이 생계비를 버는 방식 외에도 인종, 민족, 종교, 심지어 출생지 같은 사회적 정체성을 구성 하는 여러 부분에 따라 결정될 수 있어요(이에 대해서는 6장에서 자세 히 살펴볼 거예요). 이 가운데 대표적인 예는 가장 오래되고 일반적인 정체성 꼬리표인 성별입니다.

다르지만 평등한

모든 수렵·채집 사회는 성별에 따라(전통적으로 남성과 여성으로) 노 동을 구분해요. 남성은 사냥, 여성은 채집과 육아 대부분 또는 전부 를 담당합니다. 이렇게 남녀가 서로 다른 활동을 하는 사회여도 성 별 간 평등은 여전히 유지될 수 있어요. 탄자니아의 하자족 여성은 자유롭게 남편을 선택하고, 자신과 가족을 위한 결정도 자유롭게 내릴 수 있답니다.

함께 일하기

케임브리지 대학교의 인류학자들은 신석기 시대(기원전 5300~4600년), 초기 및 중기 청동기 시대(기원전 2300~1450년), 철기 시대(기원전 850~기원후 100년) 그리고 초기 중세 시대(800~850년)에 중부 유럽에 살았던 여성들의 뼈 모양과 강도를 조사했습니다. 2017년에 발표된 연구에 따르면, 초기 농업 사회의 여성이 현대의 여성 운동선수보다 팔 힘이 5~10% 더 강했다고 합니다. 아마 여성도 남성과 함께 농장 일을 했기 때문일 거예요.

쟁기 이론

1970년대 덴마크계 프랑스 경제학자 에스터 보저럽Ester Boserup은 약 4000년 전 쟁기가 발명되면서 많은 여성이 밭에서 쫓겨났다고 주장했습니다. 농기구와 그 농기구를 끄는 커다란 동물들을 다루려면 상체 힘이 많이 필요하기 때문에 남성에게 유리하며, 여성은 아이들을 바닥에 두고 밭을 가는 것이 비현실적이었을 것이라고 했지요. 이 새로운 분업 때문에 '여성의 자리는 가정'이라는 생각이 생겨났다는 것이 보저럽의 이론입니다.

이 쟁기 이론을 검증하기 위해 덴마크 남부 대학교와 오르후스 대학교의 경제학자들은 전 세계 농업의 역사를 조사한 뒤, 한 지역의 농부들이 서기 1500년까지 쟁기를 사용한 햇수와 현재의 성 평등 정도를 비교했습니다(학자들은 쟁기가 일부 지역에서는 적합한 농기구가 아니라는 사실을 고려해 데이터를 조정했습니다).

2015년에 보고된 연구에 따르면, 쟁기를 일찍 도입한 사회에서는 오늘날 노동력에서 여성의 비중이 작으며, 정부 공무원 중에서도 여성 비율이 낮았고, 여성에게 투표권을 준 시기 또한 늦었습니다. 연구에 참여한 경제학자들은 보저럽의 주장이 옳으며, 오래될수록 극복하기가 어려운 성에 대한 태도를 형성하는 데 있어 쟁기가 하나의 원인이 되었을 수 있다고 결론 내렸습니다.

다른데 평등하지도 않은

**여전히 성별은 사회적 지위와
경제적 지위를 형성하는 데
큰 역할을 합니다.**

임금 격차를 생각해 볼까요? 거의 모든 국가에서 남성은 같거나 비슷한 일을 하는 여성보다 임금을 더 많이 받아요.

이러한 임금 격차를 설명할 수 있는 여러 잠재적인 요인이 있습니다. 고용주가 여성은 자녀를 키우는 데 많은 시간을 쓰느라 남성만큼 많은 시간 일할 수 없다며 과소평가하기 때문일 수도 있어요. 여성이 출산 휴가를 사용해서 직장에서 승진할 기회를 잃어버렸기 때문일 수도 있고요. 설상가상으로 고용주가 여성은 결국 출산 휴가를 가거나 근무 시간을 단축하리라 지레짐작해서 여성에게 기회 자체를 제공하지 않기 때문일 수도 있지요.

또 여성은 육아, 노인 간병, 간호, 사회 서비스처럼 급여가 높지 않은 돌봄 직종에서 많이 일합니다. 불행히도 근로자 대부분은 일의 가치가 아닌 그들이 창출하는 이윤에 따라 임금을 받아요. 그래서 여성은 가족과 지역 사회에 필수적인 일을 하고도 임금을 못 받거나 적게 받는 일이 흔해요.

- 일부 여성이 남성 동료보다 소득이 적은 한 가지 이유는 일하는 시간이 더 적기 때문이에요. 따라서 임금 격차를 보다 정확하게 파악하려면 일한 시간당 벌어들인 임금을 비교하는 것이 좋습니다. 예를 들면 캐나다 남성이 1캐나다 달러(약 990원)를 벌 때 여성은 평균 87센트(약 850원)를 벌어요.
- 대한민국은 OECD 국가 가운데 성별 간 임금 격차가 가장 큰 국가이며(34.6%), 코스타리카는 임금 격차가 가장 작은 국가 가운데 하나입니다(3%).
- 소득 차이는 시스젠더(생물학적 성별과 심리적 성별이 일치하는 사람-옮긴이) 여성에게만 있는 것이 아니에요. 한 연구에서는 트랜스젠더 여성이 남성에서 여성으로 성전환한 뒤 소득이 3분의 1만큼 감소했음을 발견했습니다. 반면에 트랜스젠더 남성 가운데는 여성에서 남성으로 성전환한 뒤에 이전과 같거나 더 많은 소득을 번 사람이 많았어요.

효과적인 리더십

코로나19 대유행이 정점에 달했을 때 효과적으로 대응한 몇몇 국가에는 국가 지도자가 여성이었다는 독특한 공통점이 있어요. 최고위직에 여성을 둔 국가는 세계에서 약 10%에 불과해요. 이 국가들과 남성 지도자를 둔 국가들의 코로나19 대응 성과를 비교해 본 연구자들은 여성이 주도하는 국가들이 성과 측면에서 앞서고 있음을 발견했습니다. 뉴질랜드, 독일, 대만, 북유럽 5개국 중 4개국이 여성 지도자를 두고 있는데, 이들은 모두 바이러스의 확산을 늦추고 경제적 피해를 최소화할 수 있었어요.

코로나19 대유행 기간에 전 세계 여성들은 대체로 재택근무를 하면서 동시에 아이들의 교육과 기타 가사 업무를 떠맡았습니다. 또 대다수 직장이 문을 닫았을 때, 집 밖에서 계속 일을 한 '필수 근로자'였을 가능성은 여성이 남성보다 2배나 더 높았어요.

알고 있었나요?

· 여성은 남성보다 요리, 청소, 자녀 및 연로한 식구 돌보기
  등의 무급 노동을 2배 이상 해요.

· 코로나19 이전에는 전 세계적으로 여성의 55%가
  노동 인구로 참여했는데, 이는 남성의 82%가 노동 인구로
  참여했던 것과 대조되어요.

· 18개 국가에서 남성은 아내가 집 밖에서 일하는 것을
  금지할 법적 권리가 있어요.

· 여성이 특정 직업을 갖는 것을 금지하는 법이 있는 국가가
  수십 개국에 이르러요.

· 미국은 OECD 국가 가운데 유일하게 유급 출산 휴가 또는
  육아 휴가를 제공하지 않아요.

· 여학생은 학교에 1년 더 다닐 때마다 미래 소득이 14%씩
  증가할 수 있어요.

· 대학생의 절반 이상이 여성인 국가가 100개국을 넘어요.

· 그렇지만 초등학교나 중학교에 다니지 못하고 있는 여성이
  전 세계적으로 1억 3000만 명에 이르지요.

핵심 노트 💬

불평등에 있어 경제적 지위와 사회적 지위는 서로 밀접한 관계에 있습니다.
그렇지만 사회 경제적 지위가 여러분이 어떤 사람인지 또는 여러분의 가치가 어느 정도인지 결정하지는 않는다는 점을 꼭 기억하세요.

그 밖에 우리가 배운 것

⊘ 정신 건강과 태도는 상향 이동성에 커다란 영향을 미칠 수 있습니다.

⊘ 일부 사회에서는 사회 사다리와 경제 사다리의 위쪽으로 올라가는 일이 더욱 힘겹습니다.

⊘ 전 세계 거의 모든 국가에서, 같거나 비슷한 일을 하면서도 남성이 여성보다 더 많은 소득을 법니다.

이루어지고 있는 활동들

'소녀를 위한 정의Justice for Girls'는 가난한 10대 여성들의 평등, 안전, 건강을 지키고 폭력과 식민주의로부터의 자유를 촉구하는 캐나다 자선 단체예요. 이 단체는 10대 여성의 권리나 자유를 침해하는 법과 정책에 이의를 제기하고, 여성을 지지하는 법과 정책을 마련할 것을 촉구합니다. 또 폭력의 피해자거나 범죄 혐의로 기소된 소녀들이 제도의 각 부분(경찰, 형사 법원, 교정 시설)을 거칠 때마다 안전하고 공정하게 대우받을 수 있도록 형사 사법 제도에 건의하는 일도 하고 있어요.

더 깊게 생각해 보기

캐나다, 영국, 미국에 있는 요양원 상당수에는 주로 임금이 적은 이민자 여성이 근무합니다. 이 여성들은 단지 여자, 이민자, 유색 인종이라는 이유만으로 적은 임금을 받고 있는 걸까요? 한 사람의 정체성을 구성하는 다양한 측면 때문에 직장에서 차별을 받을 수 있으며, 그것이 누가 권력을 가지고 어떤 일을 하는지에 영향을 줄 수 있다는 사실은 분명해요. 그러나 차별은 수 세기 동안 있었기 때문에 왜 경제적 불평등이 지난 40년 동안 악화했는지, 왜 어떤 사람은 더욱 불평등해졌는지, 왜 어떤 지역이 다른 지역보다 더 불평등해졌는지 설명하는 유일한 요인이 될 수는 없습니다.

4장에서 배웠듯이 자동화, 세계화, 금융화는 불평등을 증폭시키는 주요 원인입니다. 기업들이 직원보다 요양원 주주 같은 소유주들과 투자자들의 이익을 점점 더 우선시하는 경영 모델을 만들어 내면서, 이런 경향도 더욱 강화됐지요. 이러한 변화는 전통적으로 취약한 집단, 즉 직장 안에서 고용 기회가 적고 힘이 약한 집단에 더 커다란 영향을 미쳤습니다. 결국, 차별은 이런 다른 상황들에서 완전히 분리될 수 없어요. 모두 더 큰 그림의 일부입니다.

6장
그렇게 태어나다

확률 게임

더 평등한 사회에서는 사람들 대부분이 태어날 때의 사회 경제적 지위와 관계없이 인생에서 사다리를 올라갈 기회를 얻습니다. 덜 평등한 사회에서는 사람들이 사는 데 도움이 되는 이점들을 지닌 채 태어나거나, 반대로 출발선을 통과하기 어렵게 만드는 불이익에 맞닥뜨리기도 하지요. 국가가 덜 평등할수록 이러한 이점과 불이익은 더 중요해집니다.

3장에 나왔던 아이제이아를 기억하나요? 아이제이아는 하위 소득 계층에서 중위 소득 계층으로 상향 이동했으며, 계속해서 상위 소득 계층으로 상승한다는 점에서 예외적인 사례였지요. 그러나 이는 이야기의 반쪽에 불과합니다. 흑인인 아이제이아는 상향 이동 과정에서 다른 미국인들보다 더 많은 방해물을 경험했어요. 2020년 봄에 미국을 휩쓸었던 시위로 미국 흑인들의 불리한 여건이 많이 부각되었는데, 아이제이아가 겪은 것도 그중 일부입니다.

미국 미네소타주 미니애폴리스에서 조지 플로이드 George Floyd라는 비무장 흑인 남성이 경찰에 살해되는 일이 있었어요. 이에 미국

50개 주와 전 세계 도시 12개 이상에서 대규모 군중이 거리로 나왔지요. 코로나19 대유행이 여전히 한창인 시기였습니다. 경찰의 만행과 형사 사법 제도가 흑인을 부당하게 대우하는 것을 규탄하는 '흑인의 생명도 소중하다Black Lives Matter'라는 기치 아래 시위가 벌어졌습니다. 흑인이 주로 사는 지역에서는 경찰이 더 엄격합니다. 흑인은 백인과 같거나 비슷한 범죄를 저질렀을 때 체포되거나 투옥될 가능성이 더 크며 선고받는 형벌도 더 가혹해요. 특히 흑인 남성은 경찰에 살해될 가능성이 훨씬 더 큽니다. 불평등은 여기에서 그치지 않아요. 수백 년 전까지 거슬러 올라가는 차별적인 법률, 정책, 고용 관행으로 흑인은 백인보다 평균 소득이 낮을 뿐 아니라 재산도 훨씬 적습니다. 얼마나 적을까요? 일반 백인 가정은 일반 흑인 가정보다 재산이 8배나 많아요. 이러한 불이익이 삶의 질과 미래에 심각한 영향을 미칩니다.

이 장에서는 부모님부터 사는 곳에 이르기까지, 사람이 태어나면서부터 지닐 수 있는 중요한 이점과 불이익을 소개합니다. 더 나아가 소수 집단과 소외된 지역 사회가 극복해야 하는 더 많은 장벽도 살펴보고, 큰 꿈을 가지고 열심히 일하기만 하면 성공할 수 있다는 이야기도 다시 생각해 보려 합니다.

성공을 위한 동아줄?

**인생에서 가장 큰 이점 가운데 하나는
형편이 좋은 집안에서 태어나는 것입니다.**

부모의 경제 형편이 좋을수록 경제 사다리에서 높은 지위를 유지하거나 더 높은 곳으로 오를 확률이 높아집니다. 왜 그럴까요? 더 부유한 사람들에게 유리하도록 상황이 조작되었기 때문일까요? 아니면 성공 가능성이 더 큰 특성을 부모님에게 물려받았기 때문일까요?

부모에게서 물려받은 생물학적 특성이 재능, 성격을 비롯해 인생에 유익한 자질을 개발하는 능력에 도움이 된다는 데에는 의문의 여지가 별로 없어요. 그러나 개인의 유전적 영향과 자라난 환경의 영향을 분리하기는 어려워요. 예를 들어 학습 장애를 지닌 채 태어난 어린이라도, 만약 가정에 여력이 있다면 아이는 더 높은 수준의 교육을 받을 기회를 얻을 수 있지요.

스웨덴, 아일랜드, 미국의 경제학자들이 유전적 요인으로 미래의 부를 얼마나 잘 예측할 수 있는지를 분석해 봤어요. 먼저 스웨덴의 입양아들의 경제 데이터를 검토하고, 그들의 생물학적 친부모의 재산과 양부모의 재산을 비교했습니다. 그런 다음에 각 어린이가 중년이 되었을 때의 순자산이 얼마인지 조사했습니다. 연구 결과 부유한 부모가 입양한 아이들이 부자가 될 가능성이 더 크다는 점을 발견했어요. 아직 재산을 물려받지 않은 어린이도 마찬가지였습니다. 비록 스웨덴이 세계에서 가장 평등한 국가 가운데 하나지만, 어린이들이 자라난 가정이 가진 부의 수준은 그들이 미래에 가질 부를 예측하는 데 가장 중요한 변수였습니다.

특권이 있다고? 내게?

만약 여러분이 저소득 가정에서 자랐다면, 여러분도 특권을 지니고 있다는 주장을 이해하기 힘들 거예요. 예를 들어 그토록 많은 백인 가정이 빈곤선 아래에서 살고 있는데, 어떻게 '백인 특권'이란 것이 있을 수 있을까요?

이렇게 생각해 보세요. 어떤 사람들은 저소득 가구 출신일 뿐 아니라 불평등을 더욱 심화시키는 차별과 기타 문제에도 맞서 싸워야 해요. 특권이란 이와 같은 추가적인 도전 과제가 없는 상태를 뜻한답니다.

자수성가의 신화

미국에는 어느 나라보다 억만장자가 많아서 700여 명에 이릅니다. 이들 가운데는 엄청난 역경을 이겨 내고 성공에 이른 사람들도 있어요. 미시시피주 시골의 가난한 집안에서 태어났지만, 지금은 미국에서 매우 부유한 사람이 된 오프라 윈프리가 그런 경우지요.

그러나 상향 이동에 관한 한 '자수성가'라는 말은 단지 어떤 사람이 재산 대부분을 물려받지는 않았다는 것을 의미할 뿐, 온전히 혼자 힘으로 경제 사다리의 위쪽으로 올라갔다는 것을 의미하지는 않습니다. 실제로 억만장자 가운데 상당수가 재산을 물려받았지요. 미국에서는 억만장자의 3분의 1 가까이가, 유럽에서는 절반 이상이 '엄마 아빠 은행'에서 재산을 인출했습니다.

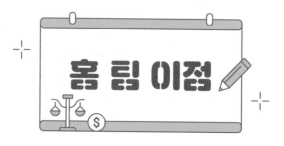

운 좋게 태어나고 싶다면,
부모님을 현명하게 선택하세요.

부유한 가정은 '좋은' 동네에 사는 것을 비롯해 미래 경력에 도움이
될 전문적인 인맥 등 성공으로 이어질 수 있는 여러 이득을 자녀에
게 줄 수 있습니다. 또 교육 기회도 더 잘 줄 수 있지요.

지출 격차

캘리포니아 버클리 대학교와 콜로라도 주립 대학교의 연구원들은
미국에서 소득 불평등이 증가함에 따라 더 부유한 가정이 가난한
가정에 비해 자녀들을 위한 보육, 수업, 과외 활동 같은 곳에 지출
을 더 늘렸다는 사실을 알아냈습니다.

여름 방학의 차이

가난한 가정의 학생들은 집에 읽을 책이 적으며, 교육을 지원하는
각종 여름 방학 활동에 등록할 가능성도 적고, 여름 방학 동안 부모

님과 함께 또는 혼자서 책을 읽을 기회도 드뭅니다. 여름 방학 동안 책을 읽지 않으면 읽기 능력이 향상되지 않을 수 있어서 가난한 학생들은 새 학년이 되었을 때 불리해질 수 있어요.

직업상의 이점

OECD 국가의 교육에 대해 유니세프가 2018년에 작성한 보고서에 따르면, 부모 가운데 적어도 한 명이 '전문 직종(엔지니어, 간호사, 관리자 등)'에서 일하는 자녀들의 읽기 점수가 그렇지 않은 자녀들보다 훨씬 높았습니다.

교육의 평등

덜 평등한 나라에서는 부모의 교육 수준이 높은 가정의 자녀들이 낮은 가정의 자녀들보다 성인이 되었을 때 소득을 20% 더 많이 법니다. 더 평등한 나라에서는 부모의 교육 수준보다 자녀 본인이 받는 교육이 미래 소득에 더 커다란 영향을 미칩니다. 또 더 평등한 나라에서는 대학 교육이 무료이거나 상대적으로 저렴한 경우가 많으므로, 그 덕분에 학생들이 졸업 후에도 학자금 부채를 덜 떠안게 됩니다.

이민을 간다면

새로운 국가에 적응하려면 시간이 걸려요. 특히 새로운 언어, 문화, 교육 시스템뿐 아니라 재정적인 어려움을 마주하는 이민자들은 더욱 그렇지요. 이민자가 많은 OECD 국가에서는 어린 이민자들이 이민자가 아닌 학생들보다 15세 때 학교에서 잘 지내지 못하는 경향이 있습니다. 몇몇 국가에서는 부모가 이주한 뒤 태어난 이민 2세들의 경우도 마찬가지입니다. 그러나 캐나다에서는 일부 이민 2세들의 학업 성적이 비이민자 학생들보다 우수할 뿐 아니라 상향 이동 가능성도 비이민자 학생들 못지않게 좋아요. 이는 부모가 태어난 국가와 이주한 국가 둘 다 중요하다는 뜻이지요.

한 부모 가정

통계에 따르면 부모가 모두 있는 가정에서 자란 자녀들의 상향 이동 가능성이 한 부모 가정에서 자란 자녀들보다 더 높은 것으로 나타났습니다. 또 부모가 모두 있는 아이는 더 높은 수준의 교육을 받을 가능성도 큰 경향이 있어요. 그렇다고 해서 한 부모가 좋은 부모가 되지 못한다는 뜻은 아닙니다. 한 부모 가정이 부모가 모두 있는 가정에 비해 자녀에게 투자할 돈과 시간이 적고, 정부와 지역 사회의 지원을 충분히 받지 못한다는 것이 이러한 차이를 만드는 원인 가운데 일부입니다.

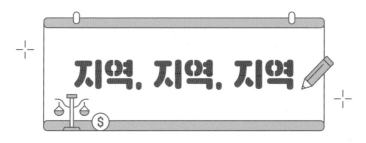

지역, 지역, 지역

**앞서 위대한 개츠비 곡선에서 보았듯이,
더 평등한 국가에서 자랄 때
상향 이동 가능성이 더 커집니다.**

그러나 이는 비단 어느 국가에 사느냐의 문제만은 아닙니다. 그 국가 안에서 어느 지역에 사는지도 중요해요.

캐나다 밴쿠버는 빈곤선 아래에서 생계를 유지하는 주민의 비율이 캐나다의 다른 대부분의 도시보다 높지만, 이동성이 매우 높은 지역이기도 합니다. 밴쿠버에는 가난하게 태어나는 아이들이 더 많

레드라이닝redlining이란 특정 지역 사람들에게 대출, 모기지, 보험을 제공하기를 거부해서 이들이 집을 살 기회를 빼앗는 관행입니다. 미국에서 레드라이닝이 불법이 된 지 수십 년이 지났어요. 그러나 레드라이닝은 오늘날까지 유지되고 있는 인종에 따른 이웃 분열뿐 아니라, 흑인과 백인 인구 사이에 부의 격차를 만들어 내는 데도 영향을 주었어요.

을지 몰라도, 그들이 경제 사다리의 위쪽으로 올라갈 가능성은 상대적으로 더 높아요.

인근 지역인 스쿼미시는 밴쿠버보다 빈곤율이 훨씬 낮지만, 전국에서 이동성이 가장 낮은 지역 가운데 하나입니다. 이 지역에 있던 제재소, 벌목장, 펄프 공장이 문을 닫으면서 최대 고용주가 사라진 것이 이동성이 낮아진 원인 중 하나지요. 젊은 근로자들은 지역 사회를 떠나지 않고서는, 부모님의 직업보다 더 많은 급여를 받는 직업으로 이동할 기회가 많지 않습니다.

지역 차이

어느 국가든 일부 지역은 더 부유하고 일부 지역은 더 가난합니다. 지역마다 사람들을 고용하는 산업이 다르기 때문이에요. 최근 수십 년 동안 농업과 제조업에 일자리를 의존해 온 지역들은 기술과 금융 분야 일자리가(그리고 보통은 급여가 더 나은 일자리가) 많은 지역들보다 잘살지 못했습니다. 결과적으로 더 부유한 지역은 도움이 필요한 사람들을 지원하는 보건, 교육, 정부 프로그램도 더 잘 확보할 수 있습니다.

여러분의 동네

정도의 차이는 있지만, 대다수 도시는 더 부유한 지역과 더 취약한 지역으로 구성되어 있어요. 더 부유한 지역은 주택이 더 깨끗하고 품질도 좋으며, 공공장소가 넓을 뿐 아니라 범죄율도 낮습니다. 주민들이 지역 사회와 문화 행사에 참여할 기회도 더 많지요. 부유한 사람들이 뭉쳐서 이러한 지역을 형성할 때, 가난한 사람들은 추위 속에 내던져진다는 것이 문제입니다. 취약한 지역에 살면 위와 같은 혜택들을 누리지 못할 뿐 아니라 희망과 안전을 느끼지 못할 수도 있어요. 이는 주민의 미래에 영향을 줄 수 있습니다.

이주하지 않는 이유

'기회로의 이동 Moving to Opportunity'이라는 미국 프로젝트를 연구한 결과, 13세 이전에 더 부유한 지역으로 이주한 저소득 가정의 자녀들은 성인이 되었을 때 더 많은 소득을 벌었습니다. 이처럼 이주가 도움이 된다면, 왜 더 많이 이주하지 않을까요?

우선 이주에는 저소득 가정이 감당하기 힘든 비용이 따르기 때문입니다. 멀리 이동할수록 새로운 직장을 찾아야 할 확률이 더 높아집니다. 더 부유한 지역은 모기지와 임대료도 더 비싸요. 전 세계적으로 대도시의 임대료는 점점 더 감당하기 힘들어질 정도로 높아지고 있습니다.

이에 못지않게 중요한 또 다른 이유는, 사람들이 가족, 친구, 지역 사회처럼 자신이 뿌리를 두고 있는 곳에 머무르기를 원한다는 데 있습니다. 이주하면 기회가 생길는지는 모르나 다른 측면에서 보면 너무 비싼 대가를 치러야 할 수도 있지요.

싱가포르의 경우 주민의 80%는 정부가 건설하고 지원하는 주택에 살고 있어요. 뿌리 깊은 문화적 차이로 인해 발생했던 과거의 긴장이 되살아나는 것을 예방하기 위해서, 정부는 각 아파트 건물에 중국인, 말레이인, 인도인을 포함해 도시의 주요 민족 출신들이 골고루 살도록 강제하고 있습니다. 동네가 인종에 따라 분열되는 것을 막기 위해서지요.

소외된 사람들

5장에서 배운 것처럼, 어떤 사람들은 상향 이동을
가로막는 추가 방해물에 부딪힐 수 있습니다.

학교, 직장, 동네에서 마주치는 차별 말고도, 사회 정체성 때문에 경제 사다리 위쪽으로 올라가는 데에 지장을 주는 여러 가지 불이익을 경험할 수도 있습니다. 다음은 사회의 변두리에 사는 사람들이 마주치는 불이익 중 몇 가지에 불과합니다.

이민자와 난민

이민자들과 난민들은 새로운 국가에 도착한 뒤 이전에 받은 교육과 보유하고 있는 전문 자격증이 인정되지 않는다는 사실을 깨닫게 됩니다. 따라서 임금이 낮은 일자리에 만족해야만 하지요.

전쟁, 폭력, 부패에 시달리는 곳에서 온 사람들은 새로운 환경에 적응하기 위해 다시 힘겹게 애써야 해요. 적은 소득, 언어 장벽, 차별, 지원 부족 등은 이들이 새 지역 사회에 적응하는 것을 더욱 힘들게 만들어요.

성 / 젠더 정체성

LGBTQ2+(레즈비언, 게이, 양성애자, 트랜스젠더, 퀴어, 투 스피릿을 함께 일컫는 말-옮긴이) 청소년들은 어릴 때 거리로 내몰릴 위험이 더 큽니다.

트랜스 펄스 캐나다Trans PULSE Canada가 트랜스젠더와 논바이너리(남성과 여성 둘로만 분류하는 이분법적 성 구분을 벗어난 성 정체성-옮긴이) 사람들을 대상으로 한 설문 조사에 따르면, 25~50세 응답자의 절반이 연평균 3만 캐나다 달러(약 2,970만 원) 이하를 버는 것으로 나타났습니다. 이에 비해서 같은 연령대의 다른 캐나다 사람들은 연평균 5만 8000캐나다 달러(약 5,742만 원)를 법니다.

여러 나라에서 LGBTQ2+ 사람들은 법적으로 결혼하지 못해서 보험과 세액 공제 같은 일부 경제적 혜택을 누리지 못해요.

인종 / 민족 정체성

소수 인종과 소수 민족 집단은 교육과 직장 생활 전반에 걸쳐 차별을 겪게 될 수도 있어요. 예를 들어 미국에서는 같은 범죄를 저질러도 흑인 남성이 백인 남성보다 감옥에 갈 가능성이 더 큰 것처럼, 교실에서 한 나쁜 행동 때문에 퇴학당할 가능성도 흑인 학생들이 백인 학생들보다 더 큽니다. 한 연구에 따르면, 미국에서 흑인들이 이력서에 자신의 인종을 밝히지 않을 경우 면접 기회를 얻을 가능성이 2배나 높아진다고 합니다. 일단 취업을 한 뒤에도 흑인들은 백인들보다 더 적은 급여를 받으며 승진 확률도 적습니다. 그리고 소수 인종과 소수 민족 집단은 한 부모 가정이나 궁핍한 가정, 낙후된 동네에서 자라는 것처럼 누구라도 극복하기 어려운 불이익을 경험할 가능성이 더 큽니다.

출발대 조정

미국 흑인의 평균 소득과 재산은 미국 백인보다 적지만, 같은 소득 수준에서 자란 흑인 소녀와 백인 소녀를 비교하면 흥미로운 사실이 드러납니다. 이들의 출발대를 조정하면 흑인 소녀와 백인 소녀는 성인이 되어서도 비슷한 소득을 벌 수 있었어요.

불행하게도 흑인 소년과 흑인 성인 남자가 경험하는 불이익들은 더 극복하기 어려운 듯해요. 비슷한 환경에서 자란 흑인 소년과 백인 소년을 비교해 보면, 성인이 되어서 백인 소년이 앞서가는 경향이 있거든요. 이러한 결과를 초래하는 원인과 해결 방법에 대해서는 더 많은 연구가 필요해요. 다만 지금까지의 연구에 따르면 흑인 아버지 비율이 평균보다 높고, 인종 편견이 적은 지역에서 흑인 소년이 상향 이동할 확률이 높았답니다.

장애

장애인은 빈곤선 아래로 떨어질 가능성이 더 커요. 캐나다에서는 장애가 있는 사람이 가난하게 살 가능성이 장애가 없는 사람보다 50%나 더 높습니다. 장애인은 장애 보조 기술과 추가 교육이 필요한데, 이 때문에 학교와 직장에서 공부하고 일하는 데에 현실적인 장벽이 생겨요.

정부가 장애인들을 지원하기 위해 어느 정도의 금액을 지출하는지는 OECD 국가들 사이에 엄청난 차이가 있습니다. 덴마크, 스웨덴, 노르웨이는 일본, 미국, 영국, 캐나다보다 1인당 2배 이상 많이 투자하고 있어요.

건강하지 않은 분열

**소외된 지역 사람들이 겪는 불이익은 우리 모두에게
가장 중요한 분야인 건강에서 생생하게 드러납니다.**

코로나19 대유행이 시작된 지 불과 몇 주 만에 과학자들은 충격적인 추세를 발견했어요. 이미 심각한 건강 문제가 있던 사람들과 노인을 포함한 일부 환자들은 바이러스가 치명적인 질병으로 악화되어 사망할 위험이 더 큰 것 같았어요.

루이지애나주는 미국에서 인종별 코로나19 데이터를 처음으로 공개한 주 가운데 하나였습니다. 루이지애나주는 인구의 33%가 흑인인데, 그때까지 코로나19로 사망한 사람의 70%가 흑인이라고 발표했습니다. 이와 비슷한 놀라운 통계가 전국적으로 나타났습니다.

흑인 외에도 라틴계를 비롯한 모든
인종에서 저소득층의 사망자
비율이 불균형적으로 높았어요.
한때 나바호 자치국(미국 내에 있는 원주민
지역-옮긴이) 사람들의 1인당 감염률이

미국에서 가장 높았습니다.

코로나19로 건강과 의료 서비스의 불평등이 다른 형태의 불평등을 잘 반영한다는 점이 집중 조명되었습니다. 가난한 사람들은 코로나19를 더 치명적이게 만드는 건강 문제로 고통받을 가능성이 더 큽니다.

그리고 어떤 환자든 성별, 인종, 민족, 성적 취향, 능력, 경제 수준, 기존 건강 문제에 따라 의료 서비스 제공자로부터 차별을 받을지도 모릅니다.

의료 서비스에서의 차별

- 의료 연구와 훈련은 여성 피험자보다 남성 피험자를 대상으로, 유색 인종보다 백인 환자를 대상으로 더 자주 이루어져요.
- 노숙자, 정신 질환자, 약물 중독자는 아픈 증상이 중독 때문이라고 생각되어 오진되기도 하지요.
- 뉴질랜드, 호주, 캐나다의 연구에 의하면, 원주민들은 항상 적시에 치료를 받지 못해요. 의료 서비스 제공자와 환자 간의 의사소통이 원활하지 않은 데다 의사나 간호사가 환자의 건강 문제를 환자 탓으로 돌리는 경향이 있기 때문이에요.
- 한 연구에 따르면 레즈비언, 게이, 양성애자 환자의 56% 이상, 트랜스젠더 환자의 70% 이상이 의사나 간호사의 개인적 또는 종교

적 신념 때문에 진료를 거부당한 적이 있어요.

- 미국에서 흑인 여성이 아이를 낳다가 사망할 확률은 백인 여성보다 3~4배 높고, 흑인 유아는 첫돌이 되기 전에 사망할 확률이 백인 유아보다 2배 높습니다. 일부 연구자들은 의사나 간호사가 흑인 여성이 증상을 말할 때 백인 여성이 말할 때만큼 심각하게 받아들이지 않는다고 생각해요.

- 건강과 예방 관리를 촉진하는 활동들은 흔히 장애인을 고려하지 않아요. 예를 들어 장애가 있는 젊은이들은 성교육 프로그램에서 제외되기도 합니다.

핵심 노트

통계가 여러분의 운명을 결정하지는 않아요.
이점을 가지고 태어났다고 여러분이
목표 달성을 위해 들인 노력을 인정받지 못하는
것은 아니에요. 불리한 여건에 놓여 있다고 해서
꿈을 이룰 수 없는 것도 아닙니다.
그러나 이점과 방해물을 인정하지 않으면,
타인을 위해 출발대를 절대 조정하지 않을 거예요.

그 밖에 우리가 배운 것

⊘ 유전적 특성이 타고난 재능에 영향을 미치기는 하지만,
  부모의 재정이 한 사람의 미래 소득과 부를 더 잘 예측합니다.

✅ 국가가 평등하지 않을수록 태어나면서부터 지니는 이점이나 불리한 점이 삶의 질과 상향 이동 가능성에 더 많이 영향을 미칩니다.

✅ 여러 가지 차별 말고도, 소외된 지역 사람들은 상향 이동을 방해할 만한 불이익을 경험할 가능성이 더 큽니다.

이루어지고 있는 활동들

플로리다주 잭슨빌에 사는 브루클린 오웬Brooklyn Owen은 고등학생 시절 선생님이 자신의 대학 등록금을 마련하기 위해 '고 펀드 미 GoFundMe' 캠페인을 시작하면서 이름을 알렸습니다. 고등학교 수석 졸업생인 오웬이 성전환을 하기 전 스스로 게이이자 남성이라고 밝혔을 때, 오웬의 가족은 딸의 성적 지향을 받아들이지 않았어요. 결국 종교적 신념을 이유로 오웬은 집에서 쫓겨났지요. 선생님의 모금으로 필요한 금액보다 7배나 더 많은 기금이 모이자, 오웬은 소외된 지역 사회의 LGBTQ2+ 학생들을 위한 '언브로큰 호라이즌Unbroken Horizons' 장학 재단을 출범했습니다.

3부

행동에 옮기기

7장

정부의 역할

원인 그리고 해결책

2018년 3월 미국 뉴욕시에 있는 유엔 본부에서 난생처음 연설했을 당시 어텀 펠티어Autumn Peltier는 마이크에 닿기 위해 의자 위에 올라서야 했어요. 겨우 열세 살에 키가 150센티미터인 펠티어의 목소리가 들리게 하려면 디딤판이 필요했지만, 펠티어가 던진 메시지는 전세계 정부에 전달되었습니다. 펠티어는 193개 회원국의 고위 인사들로 가득한 유엔 총회에서 이런 연설을 했습니다.

"그 누구도 물이 깨끗한지, 물이 부족해질지를 걱정할 필요가 없어야 합니다. 우리는 물이 필요할 때 그 물을 쓸 권리가 있어요. 부자뿐만 아니라 모든 사람이요."

어텀 펠티어는 유엔의 '지속 가능한 발전을 위한 물에 관한 국제 행동 10년' 출범식에 연설자로 초대받았는데, 물 문제는 펠티어가 중학생일 때부터 가슴에 품은 관심사였습니다. 캐나다 온타리오에 있는 웍웨미콩 퍼스트 네이션

> 어텀 펠티어는 14세에 퍼스트 네이션(캐나다 원주민 집단-옮긴이) 40개로 구성된 정치 연합 아니시나벡 네이션(캐나다 온타리오주에 있는 원주민 연합-옮긴이)의 수석 수자원 국장으로 임명되었습니다.

의 일원인 펠티어는 또 다른 퍼스트 네이션 보호 구역에서 열린 물 행사에 갔다가 물 오염 문제를 알게 되었어요. 세면장에서 '마시기에 안전하지 않은 물'이라는 경고문을 발견했는데, 캐나다 전국의 수십 개 퍼스트 네이션 공동체에 이 같은 경고문이 붙어 있었죠. 펠티어 는 물 위기에 대한 경각심을 높이기로 마음먹었습니다.

원주민들은 전 세계 육지 표면의 약 22%를 소유하거나 다스리면 서 보살피고 있습니다. 취약한 생태계를 포함해 전 세계 **생물 다양 성**의 80%까지 보호하고 있으며, 기후 변화가 초래하는 파괴적인 영 향을 가장 먼저 경험한 집단 가운데 하나입니다. 어텀 펠티어 같은 원주민 청소년이 환경과 기후 변화 행동에 앞장서는 것은 놀라운 일 이 아니에요.

유엔에서 연설할 즈음, 펠티어는 물 안전과 물 권리 부분에서 저 명한 인사가 되었습니다. 2015년에는 어린이 기후 회의에서 연설하 기 위해 스웨덴까지 여행했지요. 그러나 환경 문제와 그로 인해 발 생하는 불평등 문제는 이런 운동 가들만으로는 해결할 수 없어요. 펠티어는 지구를 보호하는 정책, 법, 규제를 만들도록 선출된 사람

> 흑인과 더불어 미국 원주민은 미 국에서 상향 이동률이 가장 낮 습니다. 캐나다, 호주, 뉴질랜드 원주민들의 이동률 역시 낮지요.

들, 즉 정부에 메시지를 전달할 필요가 있었습니다. 사실 정부가 내놓는 대책이나 정부의 대응 부족은 흔히 환경 위기가 시작되는 원인이에요. 하지만 정부의 대응이 문제를 해결하는 열쇠가 되기도 하지요. 교육과 의료 서비스부터 주택과 근로자의 권리에 이

> 전 세계적으로 하위 소득 계층 사람들은 위험한 환경에서 살고 있고, 기후 변화의 영향을 많이 받을 가능성도 더 큽니다. 그들은 환경 문제와 불평등에 대처하는 법과 정부 정책을 만드는 데 큰 영향력을 미치지 못해요. 이는 전 세계 인구 중 약 5%를 차지하지만, 극빈층에서는 약 15%나 차지하고 있는 원주민들도 마찬가지지요.

르기까지, 불평등과 관련한 거의 모든 사안도 마찬가지입니다.

다음 3개 장에 걸쳐 우리는 원인이자 해결책으로서 작용하는 정부 대응부터 불평등에 대처하는 방법까지 살펴볼 것입니다. 정부가 어떻게 작동하며, 그들이 마주한 문제가 무엇인지 빠르게 살펴보려고 해요. 정치가 정부의 우선순위에 어떻게 영향을 미치고 있으며, 정부가 불평등을 해결하는 정책에 돈을 어떻게 사용하는지도 살펴볼 것입니다. 마지막으로 정부가 법과 규정을 통해 어떻게 근로자를 보호하고, 청년들과 그 가족들이 생계를 유지할 수 있도록 보장하는지도 알아볼 것입니다.

정치가 무슨 관련이 있을까?

**정부가 도움이 필요한 사람들을 어떻게 지원할 것인지
결정하는 일은 간단한 문제일까요?
깨끗한 식수, 저렴한 교육, 어린이 무료 급식 등은
매우 기본적인 것 같은데, 정말 그럴까요?**

정부에서 일을 처리하려면 서로 생각도 다르고 우선순위도 다른 사람들 간의 협력이 필요해요. 그것이 바로 정치가 필요한 이유입니다.

정당

유권자들이 뽑은 정치인들은 정부의 대응 방법을 결정합니다. 정치인 대부분은 정당에 속해 있어요. 정당은 정부 업무에 대한 관심과 신념을 공유하는 개인과 집단으로 구성되어 있지요. 이러한 공통 관심사가 어떤 문제를 가장 중요하게 다룰 것인지 결정하는 데 영향을 미칩니다. 또 어떤 정책에 투자할 것이며 그 비용을 어떻게 부담할 것인지에 관한 결정으로도 이어지지요.

외부 압력

불행하게도 정치인들은 외부의 압력을 받아요. 압력은 기업, 그중에서도 특히 많은 사람을 고용하는 기업, 또는 정치인의 선거구에서 중요한 역할을 하는 업계에서 주로 나와요. 석유와 가스 회사들은 이윤을 내는 데에 부정적인 영향을 미칠 수 있는 기후 변화 정책에 반대하는 로비를 벌이는 데 수백만 달러를 써 왔습니다. 이러한 압력은 정부 대응에 큰 영향을 미치고 있지요.

> **로비**란 특정 단체의 이익을 위해 법과 정책을 도입, 변경, 폐지하도록 정부를 설득하는 것입니다.

> 원주민 공동체는 경제와 환경 사이의 싸움에서 최전선에 있습니다. 기업들은 땅, 물 등 자연 자원을 사용하기 위해 경제를 부양하는 일자리 창출을 약속하면서 정부에 로비합니다. 반면 환경 운동가들은 자원을 민간 기업에 넘기거나 생태계에 해를 끼칠 수 있는 프로젝트에 반대하지요. 원주민들은 자원에 대한 통제권을 부여하며 자원으로 버는 돈 가운데 일부를 차지하게 해 주는 조약의 권리 때문에 이러지도 저러지도 못할 때가 자주 있어요.

타협점

북유럽 여러 국가의 경우, 한 정당이 정부를 통제하지 못해요. 일반적으로 의회 제도에서는 유권자들은 지역 정치인을 자신을 대표할 의회의 의원으로 선출하고, 그렇게 선출된 의원 수가 가장 많은 정당이 정권을 잡습니다. 하지만 일부 국가에서는 소수 정당도 득표수에 비례해 권력을 나눠 갖는 '비례 대표' 제도를 채택하고 있어요. 비례 대표 제도에서는 함께 뜻을 모은 정당끼리 연합을 형성할 수 있습니다. 그러면 타협과 팀워크가 필요해서 더 광범위한 이해관계가 반영될 가능성이 더 커집니다.

공공? 민간?

미국에서는 의료비 대부분을 민간 건강 보험 회사가 지급합니다. 그리고 미국 인구의 절반 정도는 고용주가 그 건강 보험 비용을 부담하지요. 직장에서 이러한 혜택을 제공하지 않는다면, 개인이 스스로 민간 보험료를 부담하거나 공공 보험 프로그램에 가입해야 해요.

2010년에 민주당은 '환자보호 및 부담적정보험법(일명 오바마 케어)'을 통과시켰어요. 이 법으로 저소득층을 위한 민간 보험이 더 저렴해졌으며, 저소득층과 장애인을 대상으로 하는 공공 보험 프로그램인 메디케이드Medicaid가 확대되었습니다. 또한 65세 이상에게 의료 서비스를 제공하는 메디케어Medicare에 등록된 고령자를 위한 처방 약 비용도 낮아졌지요.

일부 민주당 의원은 연방 정부가 공공 보험을 통해 의료비를 모두 또는 대부분 부담해야 한다고 주장합니다. 그러면 모든 사람이 같은 수준의 의료 혜택을 누릴 수 있지요(미국은 보편적 의료 시스템이 없는 유일한 부자 국가입니다).

그러나 공화당은 사람들이 민간 기업 보험에 가입해야 한다는 방침을 유지하고 있어요. 다만 공화당 소속의 일부 의원은 연방 정부가 개별 주에 일정 자금을 지원해 주면 주 정부가 그 자금을 어떻게 사용할지 결정하도록 함으로써, 의료 서비스에서 작은 역할이라도 할 것을 제안했어요.

비록 '환자보호 및 부담적정보험법' 덕분에 미국인 수백만 명이 의료 보험에 가입할 수 있게 된 것은 사실이지만, 몇몇 주들에서는 수백만 명이 여전히 건강 보험 없이 지내고 있습니다.

두려운 세금

**정부는 정당들 사이에 충돌하는
우선순위 문제를 해결해야 합니다.**

산업계와 운동가들의 정부 활동을 위한 로비 내용이 서로 충돌할 수도 있어요. 또 시민들은 마시는 물이 깨끗하지 않다거나 자녀 양육비가 너무 비싸다고 호소하기도 해요. 정부가 불평등 문제를 해결하는 일이 최우선 과제라고 결정한다면 평등을 촉진하는 정책을 실행할 비용을 어떻게 감당할까요? 이에 대한 한 가지 대답은 사람들에게 가장 미움받는 단어 가운데 하나, 바로 세금입니다.

세금은 누가 내지?

무엇에 세금을 매기고 세율을 얼마로 결정할지는 정치 세력의 균형에 따라 결정됩니다. 개인 소득세 문제는 가장 큰 정치 싸움 가운데 하나예요. 개인 소득세는 대다수 OECD 국가에서 정부가 거둬들이는 조세 수입 중 가장 큰 비중을 차지합니다. 개인 소득세에는 세 가지 유형이 있습니다.

바닥이 무거운 방식 : 소득 분배 수준 상위층에게 세금을 적게

부자에게 세금을 덜 부과할수록 부자들이 더 많은 돈을 투자한다는 이론이 있습니다. 부자들이 투자를 하면 경제가 활성화되며 건강한 경제는 모두에게 이득이 된다는 논리지요.

하지만 이 이론을 비판하는 사람들은 이러한 부과 방식으로 혜택을 받는 집단은 오직 상위 소득자뿐이라고 주장해요. 부자들이 합당한 몫을 부담하지 않는 나라에서 불평등이 증가하고 있다는 사실이 바로 그 증거라는 것이지요. 4장에서 말했던 것처럼, 부자들은 일반 가정이나 경제에는 이득이 되지 않는 투자를 점점 더 많이 하고 있으며, 부자들이 세금을 적게 내면 결국 정부가 공공재에 쓸 돈이 적어진다는 뜻이라는 점을 지적합니다.

상위가 무거운 방식 : 소득 분배 수준 상위층에게 세금을 많이

가장 많이 감당할 수 있는 사람들에게서 더 많은 세금을 가져가면 소득 수준이 중위와 하위인 사람들을 돕는 데 쓸 수 있습니다. 이런 정책을 재분배라고 합니다.

이 시스템에 반대하는 사람들은 부자들이 자신은 필요하지도 않은 정부 정책을 위해 돈을 부담해서는 안 된다고 주장해요. 이러한 세금은 성공을 성취한 고소득자들을 처벌하는 것이며, 사람들이 '열심히' 일하고 도전하려는 의욕을 꺾어 버린다고 말합니다.

계단 방식 : 소득에 따라 세율이 높아지게

계단 방식은 한계 세제라고 알려져 있습니다. 어떤 사람이 버는 첫 과세 소득 5만 달러에 대해서는 15%, 그다음의 5만 달러에 대해서는 20%, 또 그다음의 5만 달러에 대해서는 27%를 세금으로 내는 방식이지요. 이러한 조세 체계에서는 중위 계층이 돈도 많이 부담하지만, 세금으로 지원하는 정책의 혜택도 많이 받기도 해요. 한계 세제를 지지하는 정치인들은 가장 부유한 시민층에 대한 부유세 세율(보유한 순자산의 일정 비율)을 크게 인상하자고 꾸준히 주장합니다.

세금에 관한 한 절대적으로 옳거나 그른 것은 없어요. 정부가 무엇을 감당해야 하고, 어떤 세금 체제가 그것을 할 수 있는 제일 좋은 방법인지 의견은 엇갈립니다.

더블 아이리시 더치 샌드위치

정부가 어떤 세금 체제를 채택하든, 부자에게는 가난한 사람들에게는 없는 세금 회피 도구와 속임수가 있습니다. 세법의 허점과 세액 공제를 이용해 불균형적으로 세금을 줄일 수 있지요. 조세 피난처라는 곳에 자산을 숨길 수도 있습니다. 조세 피난처는 세금을 거의 또는 전혀 부과하지 않으며, 다른 나라 정부와 세금 관련 정보를 거의 또는 전혀 공유하지 않는 나라를 말합니다.

알파벳 주식회사는 미국에 본사를 두고 있는 구글의 모회사로, 전 세계에 자회사(또는 '종속 회사')들을 두고 있습니다. 2015년 '더블 아이리시 더치 샌드위치 Double Irish Dutch Sandwich'로 알려진 조세 회피 작전을 통해 알파벳 주식회사는 수익 가운데 일부를 구글 아일랜드 유한 회사로 옮겼습니다. 구글 아일랜드 유한 회사는 돈을 구글 네덜란드 홀딩스 B.V.로 보냈습니다. 이곳은 다시 돈을 구글 아일랜드 홀딩스 언리미티드로 보냈는데, 이 회사는 아일랜드에서 법인화되었지만, 공식적으로는 버뮤다에 있기 때문에 버뮤다에서 회사가 관리되고 통제되며 버뮤다에 세금을 낼 의무를 집니다. 공교롭게도 버뮤다의 법인세율은 0%입니다.

헷갈리나요? 그것이 핵심입니다.

회사나 개인이 돈을 숨기고 있어, 벌고 있는 돈이 얼마인지를 아무도 모른다면 어떻게 공정하게 세금을 부과할 수 있을까요?

더블 아이리시 더치 샌드위치를 포함한 몇 가지 조세 회피 전략

지난 40년 동안, 많은 OECD 국가가 개인 소득과 기업 소득에 적용한 세율을 낮추었습니다. 같은 기간 동안, 이들 국가는 재화와 서비스에 부과되는 세금을 2배로 늘렸어요. 이로 인해 소득 대부분을 투자보다 소비에 쓰는 가난한 사람들이 더 큰 영향을 받았습니다.

은 조금씩 금지되어 왔지만, 전부 사라진 것은 아니에요. 정부는 구글 같은 회사에 더 강력한 투명성을 요구할 수 있습니다. 누가 무엇을 소유하고 있는지 추적하는 국제 자산 등록부를 만들 수도 있습니다. 또 정부가 기업들이 돈을 벌고 있는 해당 국가에 세금을 내야 한다고 압박할 수도 있습니다.

그러나 권력을 지닌 사람들이 정치인들에게 현 상태를 유지하도록 압력을 가하기 때문에 변화는 더디게 진행되고 있어요. 심지어 일부 국가에서는 최근 몇 년 동안 세무 당국의 예산을 삭감한 탓에 국제적 규모의 조세 회피를 조사하기가 더 힘들어졌습니다. 이에 따라 불평등을 해결하는 공공 정책에 쓸 자금이 부족해졌어요.

세금은 사람들의 행동을 변화시키는 데도 쓰일 수 있어요. 담배에 부과된 많은 세금은 흡연을 억제해 각종 질병을 예방합니다. 이와 비슷하게, 휘발유에 붙는 탄소세는 자동차 운영 비용을 높여 환경 오염을 줄이는 데 도움이 될 수 있다고 여겨져요.

최저 임금 정하기

물론 정부는 세금을 걷고 쓰는 것 이상의 일을 합니다.
정부의 또 하나의 중요한 기능은 사회가 원활하게
작동하고 사람들의 안전을 지키는 데 도움이 되는
법과 규정을 만드는 일입니다.

정부는 환경이 오염되지 않도록 보호하며, 소외된 지역이 차별받지 않도록 규칙을 만듭니다. 정부는 작업장의 안전 기준을 세우고 아동의 고용에 제한을 둡니다. 정부는 사람들이 일할 수 있는 최대 시간과 그들이 받아야 하는 최저 임금도 결정하죠.

1939~1972년에 호주 퀸즐랜드주 정부는 농장 노동자, 가사 노동자, 조리실 직원을 포함해 1만 명 이상의 저임금 원주민 노동자들에게 임금을 제대로 지급하지 않았습니다. 정부가 이들의 '보호자' 역할을 하면서 수익금을 **신탁 계정**에 넣기로 되어 있었지만, 임금 가운데 일부가 노동자들에게 건네지지 않은 거예요. 2019년에 주 정부는 노동자들과 그 후손들에게 1억 9,000만 호주 달러(약 1,630억 원)를 지급하기로 합의하면서 **집단 소송**이 마무리되었답니다.

적당히

고용주가 노동자에게 지급해야 하는 최저 임금을 정하는 법은 1890년 대에 호주와 뉴질랜드에서 처음 도입되었습니다. 이 법의 주된 목적은 공장 노동자 착취, 특히 낮은 임금으로 장시간 노동하는 여성과 아동 착취를 막는 것이었어요. 오늘날에는 대다수 OECD 국가에 최저 임금법이 있습니다.

최저 임금이 경제에 도움이 되는지 아닌지를 놓고 정당, 경제학자, 연구자들의 의견이 자주 충돌합니다. 최저 임금이 높아지면 고용주가 노동자의 근무 시간을 줄이거나 노동자를 기계로 대체하거나 일자리를 아예 없앨 가능성이 커진다는 것이 일반적인 주장이에요. 하지만 최근 연구에 따르면 최저 임금 인상으로 일자리 수가 줄어들지 않았으며, 높아진 임금 덕분에 노동자들이 더 많이 소비할 수 있어 경제에 활력이 생겼다는 반론도 있습니다.

최저 임금보다 적게

캐나다 밴쿠버에 있는 브리티시 컬럼비아 대학교의 연구자들은 학교를 졸업할 때까지 시간제로 일한 10대들이 일하지 않은 학생들보다 졸업 후 급여를 더 많이 받을 가능성이 크다는 사실을 발견했습니다. 또 2014년의 연구에서는 10대 때 일을 한 이들은 자신의 관심과 재능에 맞는 직업에 종사할 가능성이 더 크다는 사실도 발견했습니다. 연구자들은 이 결과를 10대들이 일하는 동안 중요한 기술을 배우고 자신의 고유한 장점을 발견했기 때문이라고 해석했어요.

그러나 그들이 직장에서 얼마를 받아야 하는지는 또 다른 정치적 논쟁거리입니다. 어떤 정부에서는 10대 청소년들의 최저 임금을 성인보다 낮게 책정하고 있습니다.

이달의 사원

2009년: 시간당 7.25달러

이달의 사원

2019년: 시간당 7.25달러

생활비는 오르는데

미국에서는 연방 정부, 주 정부, 또는 지방 정부가 최저 시급을 산업별로 다르게 정해 두었습니다. 연방 최저 임금은 10년 동안 변하지 않았지만, 같은 기간에 생활비는 19%나 올라 3000만 명에 이르는 저임금 근로자의 생활이 더욱 어려워졌어요.

핵심 노트 💬

어느 정부나 국가를 운영하는 방식에 대한
의견은 분분하지만, 더 평등한 국가들의
정부에는 한 가지 공통점이 있습니다.
중위 계층과 경제 사다리의
맨 아래에 있는 사람들을 지원하는 정책에
투자하기로 뜻을 모았다는 것입니다.

그 밖에 우리가 배운 것

⊘ 정치인과 정당은 정부 정책에 영향을 주려는 로비스트로부터
외부 압력을 많이 받습니다.

⊘ 정치적 의지가 있다면 불평등을 해결하려는 정부 정책에
세금을 사용할 수 있지만, 모든 사람이 자신의 공평한 몫을
부담하지는 않습니다.

⊘ 정부는 법과 규정을 통해 근로자들을 보호하지만,
모든 근로자가 동등한 보호를 받지는 못합니다.

이루어지고 있는 활동들

어밀리아 텔퍼드Amelia Telford는 고등학생 때 기후 위기에 대처하는 25개 청소년 주도 단체의 연합인 '호주 청소년 기후 연합Australian Youth Climate Coalition'에 동참했습니다. 학교를 졸업한 뒤 텔퍼드는 호주 최초의 원주민 청소년 기후 네트워크인 시드Seed를 설립해 젊은 원주민 운동가들을 대상으로 기후 변화 운동을 위한 목소리를 높였습니다. 시드는 석유와 가스 탐사가 가져올 파괴적인 오염으로부터 환경을 보호하고, 땅의 관리인으로서 원주민의 권리를 옹호하는 것을 목표로 여러 가지 캠페인을 주도하고 있습니다.

8장

격차 좁히기

트린 가족

증조할아버지: 건설 노동자
증조할머니: 청소부
할아버지: 자동차 공장의 조립 라인 노동자
할머니: 가정주부
아버지: 자동차 공장의 조립 라인 노동자
　　　　공장 폐쇄 후 정비사로 재교육받음
어머니: 어린이집 종사자
랑: 고등학교 3학년 학생
벤: 고등학교 3학년 학생

불가피하지 않은 불평등

트린 가족은 캐나다에 정착하면서 각 세대가 앞선 세대보다 경제 사다리에서 더 위쪽으로 올라가는 전형적인 상향 이동의 이야기를 시작했습니다. 가장 어린 벤은 늘 자신도 아버지와 할아버지를 따라 인근에 있는 자동차 조립 공장에서 보수가 좋은 일을 하게 될 것으로 생각했지요. 그러나 자동차 공장은 문을 닫았으며 일자리는 멕시코로 넘어갔습니다.

벤의 학교 성적은 일반 대학교나 지역 전문 대학교에 들어가기에 충분하지만, 쌍둥이 누나인 랑과는 달리, 전액 장학금을 받을 가능성은 희박해 보입니다. 이제 벤은 자신이 집안에서 하향 이동에 직면하는 첫 번째 구성원이 될지도 모른다고 걱정하고 있어요.

과연 그럴까요?

벤은 OECD 국가들 중 중간 정도로 불평등한 캐나다에 살고 있습니다. 캐나다에서 상향 이동 가능성은 미국이나 영국의 2배인데, 일부 경제학자는 이를 캐나다의 수준 높은 공립 교육 시스템 덕분이라 생각해요. 이는 벤이 고등학교를 졸업하기도 전에 그의 발을 받쳐 주는 지원군이 됩니다.

캐나다에 있는 일반 대학교와 전문 대학교는 미국이나 영국보다 훨씬 저렴합니다(비록 노르웨이처럼 무료는 아니지만). 그 덕분에 벤은 감당할 수 없을 정도의 학자금 부채를 짊어지지 않고도 좋은 직업을 얻는 데 필요한 대학 교육과 기술 훈련을 받을 수 있습니다. 또 캐나다는 청소년 노동법과 청년 노동자들을 위해 정부가 지원하는 비교적 탄탄한 자원이 있어 벤이 공부를 계속하면서 시간제로 일할 때 도움이 될 것입니다.

따라서 벤은 부모님이 겪지 않았던 사회적 장벽에 맞닥뜨릴 수는 있으나 여전히 미래에 대한 희망을 가질 이유가 충분합니다.

벤의 사례는 3장의 위대한 개츠비 곡선 이후 우리가 계속 이야기해 온 것을 다시 한번 상기시켜 줍니다. 한 사람의 거주지는 그가 불평등을 극복할 수 있는 능력에 영향을 미친다는 점 말이에요. 하지만 4장에서 하자족이 가르쳐 준 것도 있지요. 불평등은 어디에나 있을 수 있지만, 피할 수 없지는 않습니다.

이 장에서는 사람들이 불평등을 극복하는 데 도움이 될 수 있는 공공재와 관련한 네 가지 쟁점을 살펴볼 것입니다. 불평등과 교육,

근로자의 권리, 건강, 주택이지요. 앞서 배운 것처럼 이 영역들의 불리한 점은 상향 이동을 가로막을 수도 있습니다. 하지만 이 장에서 강조하는 평등 촉진 운동을 보면, 충분한 정치적 의지와 창의적 사고가 함께한다면 정부, 단체, 운동가, 개인은 무엇인가 해낼 힘을 지녔다는 사실을 알 수 있을 거예요.

최고로부터 배우기

**벤이 상기시켜 주었듯이 양질의 공교육은
상향 이동 가능성을 높일 수 있습니다.**

정부의 자금 지원을 받는 공교육은 모든 청소년이 학교에 갈 기회를 보장하는 하나의 방법입니다. 그러나 모든 사람이 공교육을 받을 수 있다고 해서 모두가 좋은 교육을 받는다는 뜻은 아닙니다.

일본과 미국의 교육 시스템을 비교해 보면, 왜 미국은 계속해서 뒤처지고 일본은 캐나다와 함께 유치원부터 고등학교까지 세계 최고의 교육 시스템을 지닌 국가로 자리매김하고 있는지 알 수 있어요.

교육받기

일본에서는 학업 성적 차이의 약 10%만이 학생의 사회 경제적 지위 차이로 인해 발생한다고 봅니다. 미국의 경우는 17%입니다. 일본은 전국에서 똑같은 학교 시스템을 제공하기 때문입니다. 모든 학생은 거주지와 상관없이 좋은 교육을 동등하게 받을 수 있죠.

미국은 어떨까요? 별로 그렇지 않습니다.

일본

- 교사는 국가와 현 정부가 채용하여 급여를 줍니다.

- 경력 초기에 교사들은 자신을 가장 필요로 하는 학교를 찾아 3년마다 이동합니다. 능력이 좋은 교사는 소외 계층 학생과 짝을 이룹니다.

- 학교 유지비나 교사의 급여 등은 학교가 있는 지역의 생활비를 기준으로 정해지지만, 전국적으로 상당히 비슷합니다.

- 교직은 높은 수준의 훈련과 자격을 요구하며, 일본 교사의 급여는 OECD 평균보다 많습니다.

- 일본의 교육비 지출은 미국보다 적지만 학업 성과는 더 좋습니다.

- 다양한 절감 조치를 통해 비용을 줄입니다. 예를 들어 학교 건물은 동일한 단순 설계 모형에 따라 짓습니다.

미국에서는 많은 학군이 인종에 따라 구분됩니다. 미국 학생의 약 절반은 학생의 75% 이상이 백인이거나 유색 인종인 학군에 살고 있어요. 흑인이 대다수인 학군의 경우 대체로 교육을 위한 자금이 적으며, 결과적으로 교육 수준도 낮답니다.

미국

- 교사는 지역 학군에 따라 채용됩니다.

- 극빈 지역 학생들을 지원하기 위한 추가 자금이 있는 주는 11개에 불과합니다.

- 교육에 더 많은 돈을 지출하는 주에서는 다른 중위 계층 직업의 급여와 엇비슷한 급여를 교사에게 지급합니다. 자금 지원이 적은 주의 교사는 때때로 추가 근로로 소득을 보충해야 합니다.

- 재산세로 세금을 더 많이 내는 부유한 지역에 더 좋은 학교가 있는 경향이 있습니다. 일부 부유한 학생들이 다니는 학교는 가난한 학생들이 다니는 학교보다 자금 지원을 2배나 많이 받습니다.

- 미국은 일본보다 교육에 더 많은 돈을 지출하지만, 주와 학군에 따라 시스템과 학업 성과에 큰 차이가 있습니다.

- 자금 지원이 가장 적은 주와 가장 많은 주 사이의 교육비 지출액 격차가 벌어지고 있습니다.

시카고시가 54개 공립 학교의 폐교 계획을 발표하자, 당시 9세였던 아세안 존슨Asean Johnson은 자신이 다니던 학교가 없어지는 것에 맞서 투쟁했습니다. 그 투쟁은 성공적이었어요. 존슨은 열정적인 연설로 권력자들을 설득했는데, 워싱턴 행진(1963년, 마틴 루서 킹 주니어가 「나에게는 꿈이 있습니다」라는 유명한 연설을 한 행진) 50주년 기념식에서 했던 연설이 그 가운데 하나예요.

우리는 불평등을 확대한 주요 원인 넷, '자동화·세계화· 금융화·부자들에 대한 과소 과세'에 관해 이야기했습니다.

생각해야 할 원인이 하나 더 있는데 바로 노조화입니다. 더 구체적으로 말하면, 노동조합이 축소되면서 불평등이 심해졌습니다. 이는 노동 시장에 막 진입하려는 벤 트린 같은 젊은이들에게는 좋지 않은 소식입니다.

노조화는 노동자를 노동조합(노동자들이 하나가 되어 고용주와 협상하는 집단)으로 모으는 과정입니다. 노동조합은 급여, 복리 후생, 휴가, 작업 일정, 안전 조건 등을 놓고 고용주와 협상합니다. 협상이 결렬되면, 조합원들은 고용주가 더 나은 조건을 제시할 때까지 작업을 거부하면서 파업에 돌입할 수 있습니다.

노동조합의 확산 덕분에 산업 혁명 이후 노동자들의 임금과 근로 조건이 크게 개선되었습니다. 제2차 세계 대전 이후 제조업의 호황기 동안, 노동조합은 수백만 명의 블루칼라 노동자가 중위 계층에 들어가는 것을 도왔어요. 그러나 임금이 높아지면서 더 적은 비용으로 상품을 생산할 수 있는 외국 기업들과의 경쟁에서 이기기 어려워졌습니다. 그래서 트린 가족의 고향에 있던 자동차 제조업체처럼 제품 조립을 외국으로 옮기거나 일자리를 없애는 자동화에 투자한 기업들이 생겨났어요. 동시에 기업들은 노동자의 법적 권리를 축소하고, 노동조합이 효과적으로 활동하기 어렵게 만드는 법을 통과시키도록 정부에 압력을 가했습니다. 그 결과 민간 부문(경제에서 정부가 아닌 기업과 개인이 운영하는 부문)에서 노동조합은 협상력의 상당 부분을 잃어버렸으며, 노조원 수는 1950년대 초 정점에 달한 뒤 계속 감소했습니다.

> 미국의 일부 주에서는 '노동권법'에 따라, 고용주가 모든 직원이 의무적으로 가입하고 회비를 내야 하는 노동조합과 협상하는 것이 금지되어 있습니다. 이 법은 고용주와 협상하기 위해 직원이 원하지 않는 노동조합에 억지로 가입하는 것을 막아 주지요. 그러나 모든 직원을 대표하지 않는 노동조합은 조합원을 대신해 협상할 힘이 약해집니다. 집회든 행동이든 모두가 동참할 때 효과가 가장 크기 때문이에요.

새로운 긱

젊은 노동자들은 나이 든 노동자들보다 노동조합에 가입할 가능성이 적으며, 환대 산업(즐거움과 편안함을 제공해 손님이 환영받는다는 느낌을 받을 수 있는 서비스 산업-옮긴이), 소매점, 콜센터처럼 비노조화된 기업과 산업에서 일할 가능성이 더 큽니다. 임시직이나 시간제 일자리에 종사할 가능성이 더 높으며, 긱 경제(gig economy, 기업이 필요에 따라 단기 계약이나 임시로 인력을 충원하고 대가를 지급하는 형태의 경제-옮긴이) 노동력의 상당 부분을 차지합니다.

긱 경제 (또는 플랫폼 경제)는 '독립 계약자'로 구성되어 있어요. 독립 계약자란 자신의 사업을 운영하며 수시로 임시나 시간제로 일하기 위해 계약하는 사람을 말합니다. 경영 컨설턴트, 디자이너, 프리랜서 편집자 같은 사무직, 음식 배달원처럼 웹이나 앱 기반 플랫폼에서 일하는 사람들이 독립 계약자에 해당하지요.

이러한 플랫폼에서 일하는 것은 겉으로 보기에는 장점이 있습니다. 근로 시간이 유연하므로 전일제 직장이나 학교 수업 시간에 맞추어 시간제 일을 조정할 수 있지요. 이는 학교에 다니면서 일해야 할 수도 있는 벤 트린 같은 젊은이들에게 특히 매력적입니다. 또 긱 일자리는 긱 경제 노동력의 상당 부분을 차지하는 이민자들이 새로운 땅에서 소득을 늘리는 데에도 도움이 되지요.

그러나 소득을 긱 일자리에 더 많이 의존하면 할수록 위험도 그만큼 커집니다. 긱 일자리로 받은 돈이 최저 임금을 충족한다는 보장이 없기 때문이죠. 긱 일자리의 고용주가 월급에서 세금과 기타 급여 공제 등을 해 주지 않아, 노동자가 직접 세금을 신고하고 내야 할 책임도 생기고요. 긱에는 유급 휴가나 복리 후생도 없고, 교통사고나 폭력적인 손님 등 심각한 안전 문제가 생길 수도 있습니다. 이 때문에 저임금 독립 계약자들과 이윤을 독차지하는 고용주들 사이의 경제적 격차가 더 벌어집니다.

이러한 우려는 노동자의 권리를 위한 새로운 조직을 만드는 물결을 불러일으켰습니다. 노르웨이와 일본의 음식 배달원들은 더 나은 임금과 안전 조건을 위해 싸우려고 노동조합을 결성했어요. 영국에서는 주로 이민자 노동자들을 대표하는 '세계의 목소리 연합United Voices of the World'이라는 노동조합이 임금 인상과 일부 임시 노동자들의 파업권을 얻어 냈습니다. 이러한 조직화는 대부분 온라인으로 이루어지고 있어요. 웹사이트와 앱의 힘을 활용해 노동자들이 단결하고 있지요.

더 평등한 OECD 회원국에서는 민간 부문의 조합원 비율이 여전히 비교적 높아요. 제조업이 강한 독일에서는 노조 대표들이 회사 이사회에 참석해 노동자의 권리와 우려 사항을 확실히 전달하지요. 스웨덴과 호주에서는 산업 전반에 걸쳐 임금을 기업, 정부, 노동조합 간의 협상을 통해 정한답니다.

**한 손을 등 뒤로 묶거나 붕대로 감은 채
경제 사다리를 오르기는
상당히 어려울 거예요.**

부상, 질병, 정신 건강 문제가 있으면 일하고 돈을 버는 활동에 지장이 생기죠. 미국에서는 수백만 명이 보장이 충분하지 않은 민간 건강 보험에 가입해 있거나 아예 건강 보험이 없습니다. 건강에 문제가 생기면 가족이 모아 둔 저축이 고갈되거나 부채의 늪에 빠지거나 심지어 파산에 이를 수도 있죠.

건강 보험 문제가 하위 소득 계층과 중위 계층 가정에 주는 재정적 타격도 문제지만, 건강에 미치는 영향은 더욱 심각합니다.

미국 정부는 다른 어떤 OECD 국가보다도 1인당 의료비를 많이

> 매년 미국인 50만 명 이상이 건강 문제에서 비롯한 의료비나 휴직 때문에 파산합니다. 미국에서는 개인 파산 가운데 3분의 2가 의료 문제 때문이거나 의료 문제와 관련 있어요.

지출하고 있지만, 그 성과를 보여 줄 수 있는 결과물은 적어요. 미국인은 기대 수명이 더 짧고, 유아 사망률(생후 첫해의 아기 사망률)은 더 높으며, 당뇨병을 관리받지 못하는 환자 수도 더 많습니다.

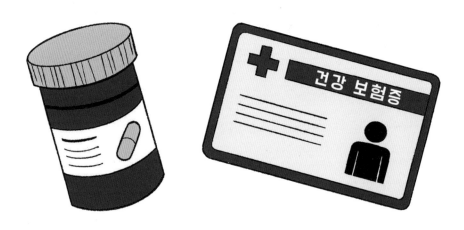

핀란드 농촌 인구의 경우, 특히 이동성이 떨어지는 장애인과 노인은 의료 서비스에 대한 접근 자체가 어렵습니다. 그래서 '말루 순회 진료Mallu Does the Rounds'라고 불리는 프로젝트를 통해 간호사가 버스에 장비를 싣고 남카렐리아 지역을 순회하는 이동식 의료 서비스를 시험했어요. 이 버스 순회 진료로 잠재 환자 10만 명이 독감 백신, 실밥 제거, 건강 지도 등의 의료 서비스를 직접 받을 수 있었지요.

2020년에 캐나다 연방 정부는 매니토바주에 있는 34개 퍼스트 네이션과 협약을 체결해, 원주민 공동체가 자신들의 필요에 더 잘 부합하게 의료 서비스를 통제하고 설계할 수 있도록 허용했습니다.

미국의 이웃 캐나다에서는 정부가 건강 보험을 운영하고 비용을 지급합니다. 모든 시민이 소득세와 판매세를 내서 십시일반으로 갹출하지요. 이런 세금은 각 시민이 벌고 쓰는 금액에 따라 늘어나거나 줄어요. 그러나 납세자가 내는 세금이 많든 적든 상관없이, 사람들은 모두 의료 서비스를 받을 자격이 있습니다.

완벽한 의료 시스템은 없습니다. 캐나다인들은 선택 진료(생명을 위협하지 않는 질병에 대한 진료)를 받기까지 대기 시간이 길다는 것을 오래전부터 불평해 왔지만, 캐나다 의료 시스템에서는 거의 모든

LGBTQ2+ 공동체의 구성원들이 불안, 스트레스, 우울증을 경험하는 비율은 다른 인구가 경험하는 비율보다 약 2배나 높습니다. 호주의 '마인드아웃!MindOUT!' 프로젝트는 LGBTQ2+ 사람들을 위해 정신 건강과 자살 예방 서비스 제공을 목적으로 정부와 협력하여 일합니다. 원주민, 청소년, 장애인 등 특별한 필요에 맞춰 차별화된 서비스를 제공하지요.

처방, 치과 치료, 안과 진료에 비용을 내지 않아요. 모든 면에서 보편적 의료 시스템은 대부분 시민과 정부 모두에게 단점보다는 장점이 더 많습니다. 보편적 의료 시스템에서는 정부가 제약 회사와 협상해서 약값을 낮출 수 있습니다. 가장 중요한 점은, 어떤 사람이 받는 치료의 질이 그 사람의 의료비 지급 능력에 따라 달라지지 않는다는 점입니다. 한 바늘만 꿰매든 심장 이식이 필요하든, 모든 사람이 동등하게 치료받을 수 있어요.

자신의 몫으로 받아들이기

어떤 나라의 부자들은 서비스 비용을 부담하기 위해 기꺼이 많은 세금을 내는 데 반해, 다른 나라의 부자들은 이에 반대하는 단체를 만드는 이유가 무엇일까요? 한 가지 설명은, 많은 세금을 받아들이는 사람들은 자신이 지역 사회의 일원이라고 느끼기 때문이라는 것입니다. 이들은 모든 사람에게 의료 서비스, 양질의 교육과 보육이 공급될 때 자신도 직접 또는 간접적으로 혜택을 입는다고 믿어요. 이 외에, 이러한 고소득자 가운데 상당수는 정부가 지원하는 의료 서비스와 같은 정책이 오랫동안 시행되어 온, 보다 평등한 국가에 살고 있어서 경제적 격차를 좁히기 위해 협력하는 노력의 가치를 역사를 통해 인식하고 있기 때문일지도 모릅니다.

집의 불평등 해결하기

**불평등의 영향과 불평등에 맞서기 위한 노력을
살펴보기 위해 마지막으로 확인할 분야는 바로 집,
즉 주택 문제입니다.**

금융 부문과 기술 관련 산업의 성장으로 전 세계적으로 일자리가 도시에 집중되기 시작했습니다. 하지만 너무도 흔히, 도시의 주택 수가 증가하는 인구를 따라가지 못해 집값이 더 비싸졌어요. 결과적으로 하위 및 중위 소득 계층의 가구들은 수입 대부분을 오로지 집을 유지하는 데 쓰고 있습니다. 그래서 쌓아 둔 돈이 거의, 혹은 전혀 없을 수 있어요.

그렇다면 정부는 무엇을 해야 할까요? 다른 정치적인 문제처럼 답은 누구에게 물어보느냐에 따라 달라집니다. 다음은 전 세계의 도시들이 이용 가능한 주택 수를 늘리고 주택 문제를 해결하기 위해 사용하는 몇 가지 전략입니다.

- 주택 보조금을 통해 저소득 가정이 집을 더 저렴하게 이용할 수 있습니다. 또 보호소는 노숙자와 도움이 필요한 사람들에게 피난처가 되지요.

- 단독 주택 소유자는 동네의 특징을 바꾸고 재산 가치에 나쁜 영향을 미칠 수 있는 아파트와 보호소를 자신의 지역에 세우는 정책에 반대할 수 있습니다.

- 건물 높이의 제한을 풀어 주는 대가로 개발업자들은 새 건물에 저비용 주택 수를 늘려야 할 수도 있습니다.

- 개발을 막는 제한을 없앤다고 해서 개발업자들이 주택 수를 늘릴 것이라는 보장은 없습니다. 설령 늘린다고 해도 집값이 저렴해질 것이라는 보장도 없지요.

도쿄의 오래된 건축물 상당수는 나무로 지어졌어요. 나무는 쉽게 불타고 지진에 취약하며 시간이 지나면 부식합니다. 도쿄는 2000년 이후 단독 주택을 다세대 건물로 대체하는 재건축을 통해 이용 가능한 주택 수를 크게 늘려 왔으며, 이 과정에서 집값도 낮추었어요.

- 새로운 지역을 개발하면 동네가 더 풍요로워지는 것, 즉 젠트리피케이션이 일어날 수 있어요.

- 젠트리피케이션은 그 지역에 오래 살던 사람들이 재산세와 생활비를 감당할 수 없는 수준으로 높일 수 있어요.

- 대중교통 수단을 확충하면 지역 주민들이 더 살기 좋아지고 통근 시간도 단축됩니다.

- 대중교통을 유지하는 데는 비용이 많이 들며, 이미 부담을 느끼고 있는 가구들이 더 많은 재산세를 내야 할지도 모릅니다.

2019년 유엔 보고서는 원주민들이 안전하고 존엄하게 살 권리를 침해하는 전 세계적인 주거 환경을 강력하게 비난했어요. 원주민들은 유해한 환경에서 살거나 땅을 강제로 빼앗기거나 노숙자가 될 가능성이 더 농후합니다. 이 보고서에는 이러한 상태를 개선하기 위한 지침들이 담겨 있어요.

핵심 노트 💬

평등은 우연히 이루어지지 않아요.
모든 사람을 위해 더 좋은 사회를 만들려고
노력하는 구체적인 정책과
프로그램이 필요합니다.

그 밖에 우리가 배운 것

⊘ 교육, 의료, 주택에서의 불평등은 다른 형태의 불평등을
반영하고 있으며, 소외된 지역 사회 구성원들의 접근성을
떨어뜨립니다.

⊘ 노동조합은 여전히 노동자들이 합당한 보상을 받고
안전한 환경에서 일하도록 보장하는 역할을 하고 있습니다.

⊘ 모든 학생을 위한 좋은 교육은 모든 학생을 평등하게
대우하는 것을 목표로 하는 시스템에서 출발합니다.

⊘ 저렴한 주택을 공급하려면 잠재적 방해물을 극복하기 위해
지역 사회 전체가 협력해야 합니다.

이루어지고 있는 활동들

젊은 노동자 수천 명이 몇 시간 동안 일할 것인지 또는 어떻게 근로 일정을 세울 것인지에 대한 보장이 전혀 없는 '0시간 계약zero-hours contracts'을 통해 채용되고 있어요. 이들 노동자는 고용주가 자신에게 유리한 조건을 유지하거나 안전하지 않은 노동 조건을 제시하는 등의 음성적인 비즈니스 관행에 노출되기 쉽습니다.

스코틀랜드의 '베터댄제로BetterThanZero' 캠페인은 특히 젊은 노동자들 사이에서 생기고 있는 불안정한 일자리 증가 문제를 해결하기 위해 시작되었습니다. 이 캠페인은 매달 열리는 회의, 직장 내 포스터, SNS를 통해 노동자들에게 노동자 권리를 전파하고, 정부에는 노동자를 보호할 방법을 찾도록 압력을 가해요. 또, 다른 노동 단체들과 협력해서 노동자의 권리를 존중하지 않는 회사들을 성토하는 캠페인을 엽니다.

더 깊게 생각해 보기

학교 위원회 예산과 뉴스 보도를 조사하거나 또는 지역 선출직 의원과 접촉해서 여러분의 학군이 지원받고 있는 자금 규모를 확인할 수 있어요. 여러분의 학군은 다른 학군과 비교할 때 어느 정도 지원을 받고 있나요? 만약 큰 차이가 있다면 각 학군의 자금 지원이 더 균등해져야 합니다. 그것을 어떻게 달성할 수 있을까요?

9장
미래를 향해

장애인의
권리도
인권이다!

장애인의
자존심!

내 권리를
높이자!

해결책의 일부

장애인 운동가 미아 아이브스루블리Mia Ives-Rublee는 휠체어 사용을 비롯해 신체장애에 대처하는 방법을 배우느라 어린 시절과 청소년기의 많은 시간을 보냈습니다. 그러다 패럴림픽에 처음 참가했을 때 인생을 바꾸는 경험을 했어요. 그곳에서 선수들이 치열하게 경쟁하면서 자신의 능력을 최대한 발휘하는 모습을 본 것이죠. 미아는 운동선수가 되어 휠체어 트랙, 펜싱, 적응형 크로스핏 경기에 참가했습니다.

이후 미아는 관심을 시민권으로 돌렸습니다. 정신 장애가 있는 사람들이 일자리를 구하고 지역 복지 서비스를 찾을 수 있도록 도와주었으며, 모든 사람이 접근 가능한 집회를 개최하는 방법에 대해 운동가들에게 조언해 주었습니다. 2017년에는 미국 전역뿐 아니라 전 세계에서 모인 수십만 명이 여성 권리와 인권을 옹호하는 '워싱턴 여성 행진Women's March on Washington' 내에 장애인 이익 단체를 설립하고, 장애인 행진자들에게 정보를 제공해서 4만 1000명이 넘는 사람이 참여할 수 있게 했습니다.

　모든 OECD 국가에서는 불평등, 불의, 불공평에 반대하는 목소리를 내는 것이 하나의 권리이자 특권이 될 수 있습니다. 신체장애나 정신 장애는 행동에 동참하는 데 장벽이 될 수 있어요. 권력자들은 선택된 목소리에만 귀 기울이는 경향이 있고요.

　변화를 일으키는 행동을 할 때도 모든 사람이 보고 들을 기회를 누릴 수 있게 포용할 필요가 있습니다. 또 동맹도 필요합니다. 학교에 있는 게이-이성애자 동맹에 가입해 LGBTQ2+ 학생들을 지지하는 이성애자 학생들이든, '흑인의 생명도 소중하다' 행진을 하는 동안에 경찰에 맞서는 백인 시위자들이든, 가난한 사람들에게 혜택을 주는 조세 정책을 지지하는 부자든, 더 평등한 사회를 원한다면 사다리 위쪽과 아래쪽, 모두의 손을 다 잡아야 합니다.

　마지막 장에서는 불평등의 각종 원인에 대응하는 방법을 짧고 간단하게 설명할 것입니다. 성공 사례와 한계를 통해 얻을 수 있는 교훈뿐 아니라 영감을 주는 성공적인 청소년 주도 운동들도 살펴볼 것입니다. 정치적으로 활동하기 위한 첫걸음을 개략적으로 설명하고 더 상세한 행동 계획을 세우는 데에 도움이 될 자료까지 제시할 거예요.

　더 나아가 모두를 위한 더 평등하고 공평한 사회를 만들기 위해서 여러분이 불평등을 해결할 수 있다는 것과, 또 해결해야 하는 이유에 대한 우리의 생각을 펼치며 마무리할 것입니다.

투쟁 선택하기

2011년, 젊은 시위자 한 무리가 뉴욕시 금융가에 있는 주코티 공원에서 야영했습니다.

이들은 사회적 불평등과 경제적 불평등에 저항하고 거대 회사들(뉴욕 월스트리트에 있는 대기업 등)이 일반 노동자와 유권자의 손에서 너무 많은 권력을 빼앗아 가서 민주주의를 훼손하고 있다면서 시위를 벌였습니다. 이 '점령' 시위는 국제적인 운동으로 확장되어 수십개 국가의 1,000여 개 도시에서 벌어졌습니다. 가장 유명한 표어는 '우리는 99%다'였는데, 이는 특권층 1%에 맞서야 하는 나머지 인구 99%를 뜻합니다.

하지만 몇 달이 지나지 않아 시위는 흐지부지되기 시작했습니다. 비평가들은 시위의 관심사가 너무 광범위했으며 리더십과 해결책이 부족했다고 지적했지요. 그러나 이 운동으로 누가 권력을 쥐고 있으며 어떻게 권력을 되찾을 것인지에 대한 논의가 시작되었고, 이는 오늘날까지 이어지고 있습니다. 민주당 대선 후보였던 버니 샌더스 Bernie Sanders는 선거 운동으로 이 논의를 주도했으며, 이는 미국 민주당의 진보 세력이 확장하는 계기가 되었습니다. 또 전 세계적으로 계속되고 있는 기후 변화, 총기 규제뿐 아니라 젊은이들에게 중요한 여러 쟁점에 있어 청소년 행동주의의 불을 밝히는 데도 보탬이 되었습니다.

명분 선택하기

어떤 사람들은 '점령' 시위가 평등 및 민주주의와 관계있는 다수의 다른 캠페인들에 녹아든 만큼, 결코 흐지부지되지 않았다고 말합니다. 우리는 이 책에서 불평등이 건강은 물론이고 집과 미래에 대한 희망에 이르기까지 삶의 모든 측면에 어떻게 실질적인 영향을 미치는지 알아봤습니다. 모두 수치화할 수 있고, 대체로 부정적인 영향이지요. 결국 정치인, 유권자, 운동가가 평등을 주장할 때 비로소 개선될 것입니다.

앞서 케이크를 자르는 가장 공평한 방법이 무엇이라고 생각하는지를 물었습니다. 필요에 따라 나누는 것일까요? 각자의 기여도에 따라 나누는 것일까요? 여러분이 지지할 명분을 선택할 때도 똑같이 질문할 수 있어요. 가장 도움이 필요한 곳이 어디라고 생각하나요? 보탬이 될 만한 여러분의 기술이나 지식은 무엇이며, 가장 큰 변화를 가져올 수 있는 곳은 어디인가요? 여러분의 마음과 가장 가까운, 가장 소중한 문제는 무엇인가요?

여러분의 나이나 상황이 어떻든, 여러분은 자신에게 가장 중요한 문제에 집중함으로써 진정한 변화를 만드는 일에 힘을 보탤 수 있습니다.

자선은 어떤가요?

비영리 단체나 자선 단체에서 일하는 것은 불평등 문제에 대해서 더 많이 배우고, 비슷한 생각을 지닌 사람들과 연결되는 좋은 방법입니다. 부자들은 이미 큰 돈을 기부하고 있으니 세금까지 부담할 필요가 없다는, 부유한 기부자들의 주장을 조심해야 해요. 자선만으로는 평등을 위한 정부의 공공재를 대체할 수 없습니다.

부자들은 분명히 후한 기부로 많은 선행을 해 오고 있습니다. 빌 앤드 멀린다 게이츠 재단Bill & Melinda Gates Foundation만 해도 세계 극빈층의 건강을 개선하기 위해 무려 600억 달러(약 78조 원)라는 엄청난 돈을 기부했지요. 그럴지만 사회 문제를 해결하는 데 있어 자선에 너무 많이 의존하면 위험합니다. 기부는 자발적이기 때문입니다. 아무도 강요받지 않습니다. 기부에 의존하는 것은, 우리 사회에서 가장 중요한 문제가 무엇이며, 그것을 어떻게 해결할지에 대한 결정 권한을 부유한 시민에게 넘겨주는 것과 같아요. 도움이 필요한 사람들 대신 상위에 있는 사람들이 모든 결정을 내리도록 한다는 뜻이지요. 불평등은 사회의 모든 구성원에게 영향을 미치기 때문에 모든 사람이 자신이 선출한 대표자를 통해 결정에 영향을 미칠 수 있어야 합니다.

청소년의 행동

**정치가 불평등의 원인 중 하나라면,
해결책의 일부도 되어야 합니다.**

이는 불평등을 문제로 인식하고, 해결해야 할 우선 과제로 다룰 뜻이 있는 정치인과 정당을 선출하는 것을 의미합니다. 정치는 투표함에서 시작해서 개표로 끝나는 것이 아니에요. 정치적 결과에 영향을 행사하기 위해 반드시 투표할 나이까지 기다릴 필요는 없습니다.

미국 플로리다주 파크랜드에 있는 마저리 스톤맨 더글러스 고등학교에서 2018년에 총기 난사 사건이 발생한 후, 젊은 생존자들은 더 강력한 총기 규제법을 지지하기 위해서 '우리의 생명을 위한 행진March for Our Lives'이라는 캠페인을 전국적으로 시작했습니다. 한 달 뒤, 전국에서 100만 명이 변화를 요구하며 거리로 나왔지요. 현재 미국 전체에 지역 지부가 200개 이상 개설되었으며, 이들의 주요 활동 가운데 하나는 최초 유권자들이 등록하고 투표하도록 독려하는 일입니다.

이러한 행동이 도움이 되었을까요? 총기 규제는 2018년 미국 의회의 중간 선거와 주지사 경선에서 중요한 쟁점이 되었으며, 이전 선거에 비해 많은 후보자가 더 엄격한 총기 규제의 필요성을 지지한다는 뜻을 강력하게 밝혔습니다. 이 선거에서는 젊은 유권자들의 투표율이 10%나 증가했는데, 이것이 '우리 생명을 위한 행진'을 포함한 각종 청소년 행동주의가 나타난 덕분이라고들 했지요. 중요한 점은 이 행동이 더 많은 젊은 운동가가 투표할 수 있는 나이가 되는 미래 선거에서는 총기 규제가 훨씬 더 중요한 쟁점이 될 수 있다는 분명한 메시지를 보냈다는 점입니다.

청소년 시위자들은 자그마한 싸움을 벌여 큰 영향력을 발휘했습니다. '우리 생명을 위한 행진'이 젊은 유권자들과 운동가들의 행동을 이끌어 내는 동안, 뉴저지주의 10대들은 최저 임금 인상안에 젊은 노동자들도 포함하도록 주 정부에 로비하고 있었어요. 원래 법안에는 성인 노동자의 최저 임금은 2024년까지 시간당 15달러(약 1만 9,500원)에 도달하지만, 18세 미만의 청소년들은 2029년이 되어야 시간당 15달러에 도달하는 것으로 명시되어 있었습니다. 그러나 10대들의 노력 덕에 청소년 근로자에 적용되던 5년이라는 시차는 폐기되었지요.

이렇게 사람들이 총기 규제나 경제적 불평등으로 이어지는 문제에 대해서 목소리를 충분히 크게 높일 때, 권력자들은 비록 그 목소리가 젊더라도 귀를 기울일 수밖에 없습니다.

더 많은 사람이 집회에 참여하려면?

· 계획 위원회에서 일할 장애인을 초빙하세요.

· 모든 장애가 눈에 보이거나 명백한 것은 아니라는 점을 기억하세요. 질병, 만성 통증, 정신 건강 문제도 집회에 참여하는 데 장벽이 될 수 있습니다.

· 직접 올 수 없는 사람들을 위한 온라인 캠페인을 벌이세요. 예를 들어 연설과 행진을 촬영하는 생방송, 혹은 녹화해 둔 영상이나 SNS를 통해 동참하는 방법 등이 있어요.

· 집회 구역에 이동이 제한적인 사람들을 위한 집합 장소가 있는지 확인하세요.

· 실내 공간에는 경사로, 넓은 출입구, 접근 가능한 화장실, 휠체어와 기타 이동 수단을 위한 적절한 공간이 있어야 합니다.

· 대중 연설과 발표를 위해 수화 통역사를 채용하세요.

· 시각 장애인을 위해 SNS와 웹사이트에서 사용하는 이미지 설명용 대체 텍스트를 포함하세요.

· 추가적인 도움이 필요한 사람들을 지원하기 위해 자원봉사자를 확보하세요.

정치적으로 활동하기

너무 어려서 투표할 수 없을 때

불평등을 해결하고자 하는 정치인은 로비스트, 특수 이익 단체, 기업, 다른 정당, 심지어 같은 정당 당원 등으로부터 반대에 부딪힐 수 있어요! 유명하고 목소리가 큰 대규모 정치 운동 세력의 지지를 받을 때, 정치인들이 문제를 해결하기가 훨씬 수월합니다. 청소년 주도 캠페인 역시 이런 운동 세력에 포함되지요.

청소년들이 시, 군, 도, 국가 차원에서 해당 지역의 선거 및 선출직 의원들과 관계를 맺을 수 있는 방법이 몇 가지 있습니다.

2018년 캐나다 정부는 캐나다 청년들이 특별히 관심 있어 하는 사안에 대해 총리에게 직접 의견을 제시하는 총리 청년 위원회를 구성한다고 발표했습니다.

선출직 의원에 대해 알아보기

선출직 의원 대다수는 홈페이지에 자신들이 선거 운동 때 내세웠던 쟁점들을 개략적으로 설명해 두고 있어요. 정부도 정치인들이 법안, 예산안, 발의된 정책에 대해 어느 쪽에 투표했는지 보여 주는 온라인 기록을 공시합니다. 그 기록들을 살펴보세요. 그들이 불평등을 줄이기 위해 행동하고 있나요?

정치인 접촉하기

선출직 의원들에게 전화하거나 편지를 보내 여러분의 관심사를 표명해 보세요. 유권자들과 소통하는 행사에 참석해도 좋고요. 정치인들은 유권자들이 신경을 쓰는 문제들에 주목하고 있으니, 끈질기게 노력하세요!

선거 공약 살펴보기

선거가 진행되면 각 후보자의 공약, 즉 당선되면 추구하겠다고 약속하는 목표에 대한 정보를 수집하세요. 후보들이 공공재와 공정한 세금을 열렬히 지지하고 있나요? 비싼 대학교 학비, 최저 임금, 기후 변화와 같이 젊은 유권자들이 특히 관심을 두는 사안들에 대해 어떤 견해를 가지고 있나요?

좋아하는 사람 홍보하기

여러분과 가치관이 같은 정치인과 정당을 홍보하세요. 다음에 있을 선거 운동을 위한 후원금을 모아 보거나, 이웃에 지지하는 후보자에 관한 소문을 내거나, SNS를 통해 여러분의 열정을 표현할 수 있습니다.

투표 돕기

투표를 장려하며 투표를 가로막는 방해물을 제거하는 단체를 도와주세요. 투표 방법에 대한 정보를 널리 알리거나 투표권 보호를 위한 법적 조치에 쓸 자금을 모금하는 집단과 함께 일할 수 있습니다.

청소년 참여 위원회 활동하기

청소년 참여 위원회(청소년들이 직접 정부나 지방 자치 단체의 청소년 정책을 만들고 참여할 수 있는 기구-옮긴이)에는 중요한 문제에 대해 의사 결정자에게 의견을 전달할 기회가 있습니다. 지역 위원회에 접촉해서 가입 방법을 알아보세요.

교차성 이해하기

성, 민족, 성적 지향, 능력 등 우리 정체성의 다양한 측면들은 서로 교차하거나 겹칠 수 있습니다. 킴벌리 크렌쇼Kimberlé Crenshaw가 만든

용어인 **교차성**은 이처럼 정체성이 겹치면 사람들이 동시에 여러 가지 불이익을 받을 수도 있다는 사실을 인정하는 것을 의미합니다.

교차성이 어떻게 개인의 삶을 형성하는지 더 잘 이해할수록, 우리는 더 포용적인 행동을 취할 수 있어요. 예를 들어 장애인을 위한 서비스를 개선하려는 캠페인을 할 때는, 장애뿐만 아니라 그러한 서비스에 접근하는 데 어려움이 있는 또 다른 사람들이 있는지 고려해야 합니다.

핵심 노트 💬

정당한 명분, 확고한 계획, 올바른 수단이
있다면, 투표할 나이가 되기 전에라도
불평등에 맞서 싸울 수 있습니다.

그 밖에 우리가 배운 것

⊘ 불평등은 대단히 중요한 쟁점이나 관련 쟁점이 되기도
   합니다.

⊘ 젊은 목소리에는 의미 있는 변화를 불러일으키는 힘이
   있습니다.

⊘ 자신의 지역에서 선출된 의원이나 그들의 경쟁자들을
   지지하는 것은 정치에 참여하는 좋은 방법입니다.

이루어지고 있는 활동들

'채권 추심 조합Debt Collective'은 학자금 대출을 많이 받은 사람들을 포함해 빚을 진 사람들이 결성한 독특한 조합이에요. 이 조합 회원들은 자신의 대출 조건에 이의를 제기하고, 불공정하고 불리한 대출 정책에 대해 개선책을 내놓도록 정치인들을 압박하고, 변화를 촉구하기 위해 대출 상환을 거부하며 심지어 파업을 벌이기도 합니다.

더 깊게 생각해 보기

여러 OECD 국가에서는 젊은 사람들의 투표율이 나이 든 사람들의 투표율보다 훨씬 낮습니다. 이 문제를 해결하기 위해 투표하는 나이를 16세로 낮추자고 하는 사람들이 있는데, 그러면 10대 유권자들이 투표에 동참할까요?

연구에 따르면 투표 관련 절차가 더 쉽거나 단순해지면, 예를 들어 우편 투표가 가능해진다면 젊은 유권자들도 투표에 동참할 확률이 높아진다고 합니다. 그러나 국가마다 젊은이들의 투표 열정에 큰 차이가 있는 것 같아요. 젊은 유권자들을 투표소로 오게 하기가 왜 그렇게 어려울까요? 이에 대해 어떤 대책을 세울 수 있을까요?

마무리하기

지금까지 경제적 불평등과 관련된 많은 문제와 아이디어, 그리고 경제적 불평등과 다른 불평등 사이의 관계를 다루었습니다. 어떤 내용은 더 알아 가고 싶을 거예요. 아주 좋은 일입니다! 의문을 제기하고 배우고 탐구해야 할 것이 매우 많아요.

이 책을 통해 세상을 더 평등하게 만드는 데 보탬이 되는 방법을 생각하고 추가 자료를 탐구하는 데 필요한 정보와 지식을 얻었기를 바랍니다. 그리고 만약 누군가가 경제적 불평등에 대해서 어떻게 생각하는지 물었을 때, 중요한 진실에 대해 말할 준비가 되었기를 바라요.

용어 설명

추가 설명이 필요할 것 같은 용어들은 다음과 같습니다.

대출
빌린 금액의 합이며, 대체로 이자와 함께 갚음.

법인화
회사를 법인으로 만들어 법에 따라 특정 권리를 부여하는 법적 절차

보험
보험료를 내는 대가로 손해, 손실, 질병, 사망 등으로 인한 잠재적 비용을 보상받는 약속

생물 다양성
지구상 생명체의 다양함

성
여성, 남성, 소년, 소녀 그리고 성이 다양한 사람들의 광범위한 사회적 특성(가령 속성, 행동, 역할, 표현 형식 등). 논바이너리, 즉 둘 가운데 하나(남성 또는 여성)가 아닐 수도 있음. 성에 대한 전통적인 생각을 따르지 않을 수도 있음.

세액 공제
정부에 내야 할 세금 가운데 제외될 수 있는 금액

시민권
모든 시민이 법에 따라 평등한 기회와 동등한 대우를 받을 권리

시스젠더
성 정체성이 출생할 때 지정된 성과 일치하는 사람

신탁 계정
어떤 사람의 미래 이익을 위해 남겨진 자금이면서, 현재는 다른 사람이 대신 관리하는 금융 계좌

의회
유권자들이 선출한 의원들로 구성. 유권자의 이익을 대변하고 법률을 제정하며 정부 활동을 감독하는 입법부 또는 정부 기관

이자
대출금에 대해 부과되는 추가 금액으로,
일반적으로 빌린 원금에 대해 일정한 비율로
정해짐.

자본 이득
판 가격이 산 가격보다 높은 경우,
자산을 팔아서 얻은 이익

자원
1. 지원이나 도움을 주는 원천
2. 지출을 위해 모아 놓은 돈의 공급 또는
   현금을 받고 팔 수 있는 자산
3. 사람에게 유용한 것으로서 자연에서
   발견되는 것들

집단 소송
한 무리의 사람들이 자신들에게 피해를 준
혐의로 고발된 단일 피고를 상대로 해서
제기하는 법적 소송

채권
특정 날짜에 이자와 함께 돌려받기로 하고
투자자가 회사나 정부에 빌려주는 대출

통화 정책
화폐 공급과 화폐 가치를 통제하기 위해서 한
국가의 중앙은행이 계획에 따라 취하는 정책

투자 상품
부를 축적하기 위해 사들인 자산

투자자
이익이나 이득을 얻기 위해 자산을 사는, 즉
자산에 투자하는 사람이나 조직

트랜스젠더
태어날 때의 생물학적 성별과 사회적 성이
다른 사람으로, 생물학적으로는 한 성별로
태어났지만 다른 성별로 성 정체화를 한 사람

화이트칼라
사무직에 종사하는 노동자를 뜻하며,
주로 흰 셔츠를 입어 붙여진 말. 기술직, 건설
노동자 등 사무실 밖에서 일하는 근로자는
푸른 작업복을 많이 입어 블루칼라라고 부름.

찾아보기

이탤릭체로 된 쪽수는 그림을 의미합니다.

ㄱ

가구 소득 23

가구 중위 소득 23

건강 47, 129-131

경제 사다리 20-22

경제학자 21

경제 협력 개발 기구OECD
12-13, *14*

공공재 78

교육 50, 52, 118-120, 156,
158-160

교차성 186-187

구글 147

규제 완화 89-90

극빈곤 25

금융화 89-90

기술 79-82

기회로의 이동 123-124

긱 경제 162-164

ㄴ

난민 125

네덜란드 동인도 회사 91

노동권법 162

노르웨이 37, 47-49, 51

노린 마흐무디 35

노숙자 130

노조화 161

농업 76-78

ㄷ

대중교통 171

대출 90

대한민국 106

더블 아이리시 더치
샌드위치 146-148

독일 53, 164

돈 77

땅 79

ㄹ

레드라이닝 121

로봇 81

로비 48, 141

ㅁ

마인드아웃! 프로젝트 167

마틴 루서 킹 주니어 160

모기지(주택담보대출) 90

미국 118, 142-143, 155-160,
165-167

미국의 서사시(애덤스) 56

미아 아이브스루블리 175

ㅂ

버니 샌더스 178-179

범죄율 47

베터댄제로 173

보조금 50

부의 격차 37-38

부자 24, 25

불안 66

불평등 10-11, *14*, 44-45,
72-73, 76-78, 89, 94, 95

브루클린 오웰 133

빈곤 25, 48, 94, 97-98

빈곤선 25

빌 앤드 멀린다 게이츠
　재단 180

ㅅ

사회 경제적 지위 99
사회적 자본 100
상위 1% 24
상품 28-29
상향 이동 56-61, 117,
　120-121
생리 빈곤 97-98
생리 용품 97
생물 다양성 138
서비스 산업 83
성별 102, 105-106
세계 행복 보고서 101
세계의 목소리 연합 164
세계화 85
세금 51, 78, 144-148
세대 간 소득 탄력성 60
세대 간 이동 58
세대 내 이동 57
세액 공제 126, 146
소득 38, 48, 62, 63-64,
　118-119
소득 격차 37-38, 47
소득 분배 수준 23
순자산 28
스마트폰 86-88
스웨덴 115-116, 164
스콧 피츠제럴드 59-60
시간제 150-151

시드 153
시민권 175
실업 25-26
싱가포르 124

ㅇ

아미카 조지 97
아세안 존슨 160
아시시의 성 프란치스코 71
안전 47
알파벳 주식회사 147
어텀 펠티어 137
언브로큰 호라이즌 장학
　재단 133
에스터 보저럽 104
여성 102-107, 126, 130-131,
　175
여성 행진 175
영국 37, 41, 43, 47-51,
　155-156
요양원 110
우리 생명을 위한 행진 181-
　182
원주민 129-130, 137-139,
　149
위대한 개츠비 곡선 59-60, 61,
　156
오프라 윈프리 117
유럽 무슬림 청년 및 학생 조직
　포럼FEMYSO 35
유럽 중앙은행 92
육아 휴직 49

의료 서비스 130, 142-143,
　166-168
이민자 120, 125
이윤 82, 91
이탈리아 35, 60-61
인종 126-127, 129-130, 159
일 79-80, 173
일본 158-159
임금 격차 105

ㅈ

자급 농업 76
자동화 82-83
자산 28-30, 89, 100
자선 180
자수성가 117
장애 128, 131, 175-176
쟁기 이론 104
점령 178-179
정부 149
정신 건강 66
정치 48, 140-141, 181-187
제조업 80, 83
젠트리피케이션 171
조세 피난처 146
조지 플로이드 113
주와시족 75
주택 29, 32-33, 90, 92,
　123-124, 169-170
중국 85, 87
중앙은행 30
중위 계층 23, 31-33, 46, 48,

146

지니 계수 *44-45, 60-61, 61*

지위 99-105

지출 격차 118

ㅊ

차별 113-114, 125-131

처분 가능 소득 48

총리 청년 위원회 184

ㅋ

캐나다 155-156, 158, 167

캐나다 여름 일자리
　프로그램 26

코로나19 *17-19, 25-26, 33,*
　35, 107, 129-131

코스타리카 106

킴벌리 크렌쇼 186-187

ㅌ

투자 29-30

투표 나이 189

특허 86

ㅍ

파산 165

평등 *37-39, 46-48, 59-60,*
　101, 118-119

평등주의 사회 74-75

헨리 포드 80

플랫폼 경제 163-164

핀란드 53, 166

ㅎ

하자족 74-75, 102, 156

하향 이동 155

학교 자금 50

헤일리 하드캐슬 66

호주 청소년 기후 연합 153

호주 164

환경 문제 137-139, 141

환자보호 및
　부담적정보험법 142-143

흑인의 생명도 소중하다
　113-114

#

LGBTQ2+ 126, 130, 167

왜 부자만
더 부유해질까

1판 1쇄 인쇄 | 2023년 10월 10일
1판 1쇄 발행 | 2023년 10월 20일

글 | 해들리 다이어, 미첼 버나드
그림 | 폴 길
번역 | 한진수
펴낸이 | 김영곤

융합1본부장 | 문영 **책임편집** | 오경은   **디자인** | 이찬형
융합1팀 | 김미희 정유나 이해인 **교정교열** | 김선아
아동마케팅영업본부장 | 변유경 **아동영업팀** | 강경남 오은희 김규희 황성진 양슬기
아동마케팅1팀 | 김영남 황혜선 이규림 정성은 손용우   **아동마케팅2팀** | 임동렬 이해림 최윤아
해외기획실 | 최연순   **제작팀** | 이영민 권경민

펴낸곳 | (주)북이십일 아울북
출판등록 | 2000년 5월 6일 제406-2003-061호
주소 | (우 10881) 경기도 파주시 회동길 201(문발동)
전화 | 031-955-2100
팩스 | 031-955-2122
홈페이지 | www.book21.com

ISBN 979-11-7117-099-9 (77840)